中部大学ブックシリーズ Acta 18

伽藍が赤かったとき
―― 1970年代を考える ――

諏訪兼位 *Kanenori Suwa*
田口富久治 *Fukuji Taguchi*
岩間優希
影浦順子
竹川慎吾
小島 亮

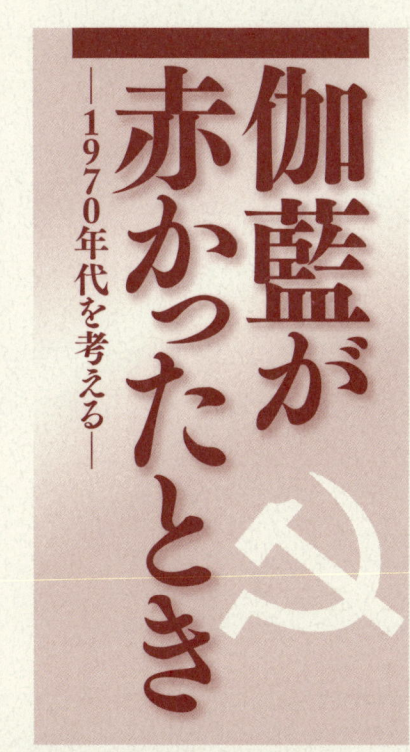

風媒社

はじめに

1960年代を「懐かしい昭和」として振り返るとしても、躍動的なラディカルズの時代として理想化するとしても、もうひとつ一緒に考えなければいけない重要な時代を忘れてはいないだろうか？

それは1970年代である。この時代について、「現在からもっとも間近にある歴史的過去」とでも形容するとよく分かるかも知れない。「歴史的」なる仰々しいコトバを冠する所以は、21世紀の「ただ今現在」的社会通念からすぐさま理解できない「歴史的異次元」の領域に属するからに他ならない。1980年代は、「ただ今現在」と違ってバブル経済の絶頂に向かう経済好況に湧き、IT革命やモバイル技術も存在しなかったけれど、社会の相貌には思想的表現も含めて現時点と同一性を多く見出せる。別言すると、1970年代は「現在史」とは違った「現代史」の直前段階であり、1960年代のように完璧な歴史的過去でもない分、やや捉えにくさを否めなかったのであった。

60年代を色に喩えれば「赤」になるに違いない。しかし70年代は「虹色」にも映るし、「虹の7色」を混ぜるとそうなるように「灰色」にもイメージできるだろう。その「灰色」にしても黒ずんでいたり、あるいは白銀に輝いて見えたりもする多義性を有している。通りいっぺんの概念で割り

切ろうと考えても一筋縄でゆかず、「ただ今現在」にはまったく忘れ去られた意外な事実に満ちた時代でもある。この冊子を『伽藍が赤かったとき』と名打ったのは、複雑形の色模様の中で、知的・社会的制度の中枢部に「赤」が塗り込められた矛盾した光景を諧謔的に表現しようと試みたためであった。

この冊子は、70年代にオピニオン・リーダーであった世代（諏訪兼位、田口富久治）、思想形成の途上にあった世代（小島亮）、生まれてもいなかった世代（岩間優希、影浦順子、竹川慎吾）のディスカッションを中心に、「1970年代研究への少し骨のある入門書」を目指したものである。討論記録に「概論的序説」と称するやや論争的な小論を三編書き下ろし、不十分ながらも解説的な配慮を心がけた。また各編には詳細な注釈を付けたが、とりわけディスカッションに加えた小島によるそれは、論争的「奇態」を確信犯的に衒っている。1970年代に『ヴィルヘルム・マイスターの修行時代』を通過した世代として、批評的媒介の東道役を敢えて引き受けたかったからである。ネット情報から容易に検索ができることもあって、著名人名などは簡単に略記し、一方、忘れ去られつつある人物や事績については詳述した。この個性的な注釈は単独で楽しんでいただけるのではないかとも考える。

元来、「第1部」は中部大学発行の総合学術誌『アリーナ』に収録するために開催したものであったが、編集過程で冊子にするアイデアを思いついた。企画に賛同され援助を惜しまれなかった中部大学総合学術研究院長・後藤俊夫先生に心から謝意を申し上げたい。また編集上のヒントを与えてくれた伊藤めぐみ君（中部大学国際関係学部小島ゼミナール卒業、東京大学大学院総合文化研

はじめに

究科修了。現在番組制作会社に勤務）にも感謝したく思う。もちろん、不躾な私たちを許容下さり、多くの興味深いお話をいただいた諏訪兼位、田口富久治先生にお礼を申し上げることは改めて言うまでもない。歴史の叡智に接した感動とともに田口邸を辞した秋の日をわれわれ一同は決して忘れることはないだろう。バス停まで田口先生が出迎えて下さった昼下がりは雨模様であったが、両先生に見送られて田口邸を辞した黄昏時、果たせるかな、晴れ上がった夕空に爽やかな秋風がほのかに吹いていた。われわれの去った日進香久山の杜では、きっとミネルヴァの梟が飛び立って啼き始めたと推測する。

2011年11月末

執筆者を代表して　小島亮

目次

伽藍が赤かったとき ―1970年代を考える―

はじめに 3

■第1部■
人民戦線・「田口・不破論争」・名古屋知識人
―諏訪兼位・田口富久治教授に聞く― …… 9

1970年代を振り返る意味 10

科学者の70年代 33

「田口・不破論争」と雑誌『現代と思想』 45

『現代と思想』と名古屋知識人 79

■第2部■ 1970年代を考えるための概論的序説

1970年代を再検討するために　小島　亮 …… 108

1970年代の世界と日本　岩間優希 …… 129

1970年代の日本経済
——通貨危機と石油危機のなかで　影浦順子 …… 138

■第3部■ 1960〜1980年略年表　竹川慎吾 …… 146

田口邸にて

第1部

人民戦線・「田口・不破論争」・名古屋知識人
―諏訪兼位・田口富久治教授に聞く―

上・諏訪 兼位
下・田口富久治
（ともに1970年代頃）

聞き手◉岩間優希　影浦順子　竹川慎吾　小島 亮

1970年代を振り返る意味

小島 今日、1970年代という時代についてあまり議論されることはなくなったように思いますが、60年代と80年代という比較的色合いのはっきりした年代にはさまれて割を食っているような気がします。

「60年代」は高度経済成長の時代で、米ソ冷戦もドイッチャーの言い方では「大いなる競争」と呼ばれる産業化競争の趣を持ち、日本もその国際関係を形成する重要な一環を担っていました。日本の高度経済成長は、一般的なキャッチアップの過程でなく、アメリカ合衆国に次ぐ世界第二の経済大国への道でもあり、近年ではNHKの『プロジェクトX』という人気番組で、この時代の技術者や経営者の英雄的挑戦に国民は思い出を共有しました。美空ひばりの歌った「真赤な太陽」の奇しくも象徴するように「昇る太陽」で世界と日本人に記憶される個性のはっきりした時代です。そしてこの時代の後半は学園紛争と市民運動の時代。

「1968年」は、ヴェトナム戦争のテト攻勢によってアメリカの敗北の明確になった年、チェコ事件やアメリカの反戦運動のクライマックス、フランスの「5月革命」、中国の文化大革命の本格化など周知の連鎖的事件の季節でもありました。日本では、アメリカから小笠原諸島の返還を実現させ、いわゆる革新自治体の簇生する画期になった年でもあります。

「80年代」は世界的に新冷戦の時代で、レーガノミックスやサッチャーリズムで知られる新自由主義の季節、この終結点にベルリンの壁の崩壊も位置します。「60年代」の決算が「1968年」の世界同時多発革命にあったならば、「80年代」は「1989年」においてピリオドがつけられたと評せます。ただし私としましては「1989年」のもっとも短い始期は「80年代」ではなく「70年代」、とりわけオイルショックに置きたいと

考えるもので、東西両体制の70年代の対処の仕方の相違こそ80年代の命運を分けたと考えます。具体的に述べますと70年代に順風満帆だった東側はそこで時間は停止しましたが、危機を迎えた西側は根本的な変革に乗り出し、その体制内再編に成功します。70年代において西側諸国は経済危機のみならず、政治的にもガバナビリティを喪失し、失速を始めます。のちに議論の対象とするヨーロッパでの左翼の台頭や「素人政治」と酷評された77年のカーター政権の誕生などは、過渡期の象徴だったと言えなくもありません。反対に70年代は、混乱の中国は別にして、東欧圏では安定的な時期が続き、オイルショックなど60年代に自立した発展途上国の経済ナショナリズムは、むしろ追い風になっていたのです。このアンチテーゼが80年代の西側諸国の指導者政治と好対照な末期ブレジネフ政権、さらには登場と葬式を繰り返すソ連の老人政治家の姿でした。70年代中期からはサミットとして知られる西側リーダーシップの再編

も劇的になされました。「80年代」には経済的にも西側の新自由主義は資本主義の蘇生に成功しただけでなくOA革命などコンピュータナイゼーションにより技術革新を生んだわけです。

日本に関しては、「80年代」はポストモダニズムに象徴される文化革命のデケイドでした。『若者たちの神々』という『朝日ジャーナル』に連載され4分冊でのちに刊行された（朝日新聞社、1984〜5）筑紫哲也の有名なインタビューがあります。この本の第1巻の冒頭に登場する浅田彰は「浅田現象」と呼ばれる思想的パンデミーを作り出し、本物の「若者たちの神」に祭り上げられました。柄谷行人が『近代日本の批評 昭和篇（上）』（講談社文芸文庫、1997年）の討論で言っておりますように、「浅田現象」に匹敵する出来事は、実に日本近代思想史上、1920年代の福本イズムだけしか思い浮かべることができません。言うまでもなく福本の時代に先立つ年代

は日本の資本主義の確立とモダニズムの社会的ファッションがありました。浅田の前提には60年代から70年代中後期までの高度経済成長があったわけで、二人の思想的キーパースンは社会的変貌に思想のことばをもって止めを刺したと評すべきでしょうか。60年代の社会的変貌は網野善彦の『日本社会の歴史』（全3巻、岩波書店、1997年）によれば、日本史全体でも最も大きな変動のひとつであったとされ、確かに風景そのものを日本人は作り替えたわけですから、変動というよりは変革であったかも知れません。福本も浅田や「ニューアカ」と総称されたその追従者たちにともにそれまでの思想総体に対して「否」を高唱しました。福本の書き方では「否、否、否、千回も否！」です。20年代の福本だけでなく、80年代のポストモダニストの激烈かつ皮肉たっぷりの挑戦は、功罪は別にしてはっきりと日本の社会思想を切断したことは事実です。知のスタイル、文化のあり方、ファッション感覚、身振り、そのすべ

てが80年代の「新人類」、すなわち学園紛争以降世代によって一変してしまったのです。ちなみに私はこの世代の人間でして、その中心地となった池袋の西武百貨店や渋谷など「セゾン文化」の空気を胸に一杯吸い込んで青春の後半を過ごしました。70年代の中後期の京都でのマルクス主義の青春前半と80年代の東京でのポストモダンの双方にともに血肉を作ってくれたES細胞のように考えております。

「70年代」は、こうした二つの個性的な時代にはさまれて、今ひとつイメージの湧かない年代であった点はある程度納得できるものです。確かに70年代は過渡的な時代であったと評価してしまえばそれまでなのですが、「60年代から80年代への」過渡期であるとする歴史観は、「その後」から逆に見直した物語のようでもあります。あまり歴史決定論的に見るのもダイナミズムを喪失すると思います。別な見方では、多様な方向に向かう可能性を秘めていた「選択の時期」で

もあったとも言えるでしょう。70年代は、その当時、しばしば30年代に喩えられました。30年代とは、ヨーロッパ諸国においてファシズムの台頭とそれに対する人民戦線運動の昂揚と政権樹立を見た年代ですね。日本の田中角栄のロッキード事件も30年代フランスのスタヴィスキー事件に比較されたものです。先に述べましたように、80年代に入ると、日本の思潮は一気に変化し、ポストモダニズムが時代を牽引します。面白いのは、80年代には20年代との比較が盛んに行われはじめ、世紀転換期、または世紀末の再評価が大流行します。「ポストモダニズム」です。これは日本版「脱構造主義」を再発見するわけです。これは日本版「脱構造主義」を再発見するのとパラレルでしょうか。ヨーロッパの世紀末から20年代には第一次世界大戦への道程と悲惨な戦闘が挟まっていますので、この「世紀転換期」は政治の季節以外のなにものでもなかったはずなのです。ところが、日本の「ポストモダニズム」は、政治的な

「物語」を拒否したためか、何か脱色された空間の中で「知のゲーム」が行われたかのごとき風潮が形成され、さらに「日本社会のモダンな理念では把握できない部分」を「ポストモダンな現実」として肯定してしまい、いつの間にか政治的保守主義または無政治的言説に化けてしまいました。この過程で、30年代論の特徴であった政治的危機意識は雲散霧消し、まったく忘れ去られて現在に至るわけです。私などポストモダンの風潮に当初は共感したものでしたが、「自民党はポストモダンだ」やら「皇居はポストモダンな天皇制を表象する原点ゼロだ」とか言った言論に接して白けきってしまいました。つい昨日まで「半封建的」と攻撃していた対象を、深く分析し直すことなく理念的な西欧とは異質であるだけで「ポストモダン」にすり替える手品にはうさん臭い詐欺を感じ取りました。二重構造＝半封建性経済構造論批判の先駆者で80年代の経済評論のリーダーでもあった飯田経夫氏も同じような警告を繰り返したもの

ですね。

さてここで本日、70年代の「人民戦線の季節」に活躍された諏訪先生と田口先生を前にし、「早くも忘れ去られてしまった」70年代の日本、そして名古屋知識人について回顧する反時代的な時間にさせていただきたいと思います。ここに集まった若い大学院生諸君は知識として知っていると思いますが、70年代にはマルクス主義の連合政府もできそうな可能性を国民は実感していました。マルクス主義とか共産党の話はものすごく大きなトピックであり、現在のようなきわめて小さな「一部の関係者」だけのインサイド・ストーリーではありませんでした。

ここにおられる田口先生は言論界の中央にあって、その時代の日本共産党のあり方に決定的な影響を与えた政治理論を構築されておられました。
 ⑮
の「漸進的社会主義」から戦後日本では共産党内部の構造改革派、少し遅れて江田ビジョンで指摘済みだったかもしれないのですが、田口先生の独
 ⑯
自な点は後期資本主義の国家機能の拡大と変質の再検討を踏まえて、国家論領域での革新を模索さ

一方で諏訪先生は名古屋にずっといらっしゃって、革新自治体の誕生に少なからぬ関与をされたキーパースンでした。私的な思い出で恐縮ですが、70年代前半の統一戦線、あるいは人民戦線のユーフォリアの中で、田口先生の国家論の再検討を新鮮な気持ちで拝読しておりました。行政国家の出現と官僚制の拡大または変質はマルクス・レーニン主義の基本的思想を大きく修正させたとする先生の見解は、既成の国家権力を考えるマルクス・レーニン主義の政治的・思想的影響力は強大で、しかも左翼の連合政府でも国家権力を「プロレタリアートの独裁」に取り換えるのでなく、既成のまま「プロレタリアートの権力」に再編できるし、その「プロレタリアート」なるものも多様な管理労働を含むものに変貌して久しく、レーニンの革命論は先進国の変革には当てはまらないとするものだったと思います。
 ⑮
ここまでなら20世紀前半のベルンシュタイン

れたことだったと思います。あとから考えますと実体的権力論を批判したフーコーの「相互監視権力論[19]」のような議論とも通底もしていたかなと考えます。その当時にあっては広義のマルクス主義の枠内で、マルクス主義の可能性をすれすれまで伸張し、現代社会科学に連絡させようとされた大きな知的流れとして田口先生のお仕事を理解できませんでしょうか。田口先生が登場されるまでのマルクス主義の刷新を目指した議論の多くは、日本資本主義がいわば独り立ちした本物の資本主義であり、レーニン主義的な後進国革命の公式は日本に該当しない事態を証明することに焦点があリました。後進国革命の構図は日本では適切でない、との認識は実際には前衛党論とかプロレタリアート独裁論などは日本社会では時代錯誤である、としか論理的に連結しないはずなのです。不思議なことは、こうした主張をなさった論客にはバリバリの前衛党論者なども交じっておられる事実です。この奇観はまさに過渡のゆえでしょうか。無政府

主義は個人の組織的拘束を断ち切るはずなのに、ロシアではテロリストに化けた例を想起します。日本の資本主義的または帝国主義的成熟の確認が前衛党論の再認と共存する摩訶不思議は、少なくとも理論内的には一貫しません。これはまたあとでお話をうかがいたいテーマです。これに対して、1950年代の日本共産党内部の構造改革派、さらに1960年代に登場する日本社会党内部の江田ビジョンなどは、先進資本主義の一員として日本を把握したうえで、国家権力のあり方を再検討し、その平和的移行を模索したわけです。江田ビジョンなどは一見したところ田口先生とまったく違った切り口から先進国革命論を展開したように見えるのですが、今から考えれば、期するところ大きな差異はなかったとも読みなおせる段階に達したのではないかな、とも個人的に考えます。

田口先生の独創性は、機能主義的政治学を出発点にされているため、国家の機能分析、のちに行政学として先生の業績の中で学問的に発展される

部分から、権力概念と権力の移行の問題を正面から問題にされていた点です。ただし、権力実体論による政治の階級的性格をドグマにしていた日本のマルクス主義者の多くは、権力を政治的機能という側面から把握しなおす考えそのものに反動的な「アメリカの影」を見出したはずで、まっとうに議論する前にアレルギーを催したのではないかと考えます。国家権力の機能的理解など一種の多元的国家論[20]の亜種と理解し、権力実体論を曖昧化するとんでもない暴論と一蹴したのではないでしょうか。あるいは、日本のマルクス主義者、とりわけ日本共産党の正統主義者には一種の知的権威主義と知識人不信がありましたので、田口先生の議論そのものがチンプンカンプンだったのか否めません。田口先生の国家論は、19世紀までの国家概念を受け継ぎ、国家暴力説と階級闘争を接ぎ木したようなレーニン国家論を相対化されようとした仕事のようにも映ります。「先進国革命[21]と多元的社会主義」は、60年代の平田清明のマル

クス主義的市民社会論を髣髴させるキャッチフレーズですが、田口先生は権力の機能分析からこの問題を照射されていたように思います。権力は機能的概念であって、その担い手を取り換えると一気に「別物にとり替わる」わけでもないし、そもそも機能概念ですので、国家を存立させている社会構造の変貌によって、機能そのものに大きな変化を生みます。19世紀的な国家概念を現代国家分析の理念型にできないことは、社会の構造的変化に伴って国家の役割も根本的に変貌するからです。そもそもロシア革命式のクーデターとテロ自体、当時の社会変革としてもベターであったかどうか疑問だという話にもなりかねません。

ここで田口先生を考える参照軸のように理解できるのはパーソンジアンの富永健一氏です。富永氏は『社会変動の理論』[22](岩波書店、1965年)[23]などを読みますとなかなかポレミークな存在でして、構造＝機能主義の変動論から国家権力の「革命」的転換モデルは日本において成立しない

事態を論証されています。富永氏の議論はよく誤解されてきたようなロストウ学派近代化論の弁明でなく、理念的社会変動論、または古典的革命論が産業社会の実証的分析を欠いた理念として現れた場合、社会構造のフィードバックは予定された生産力の上昇やフラットな社会階層の標準化を結果しないことを理論的に推測された点に特徴があります。富永氏は『現代の社会科学者——現代社会科学における実証主義と理念主義』(1986年原版、講談社学術文庫、1993年)の叙述に明示的に読めるように、マルクス主義を実証主義と別系譜な思想として突き放しておられますので、マルクス主義の内部から実証主義の機能分析を抱合されようとされた田口先生の知的営為とはもちろん根本的に立場は異なります。富永氏のなさった社会変動の機能分析を政治のディメンジョンにおいてマルクス主義的変動論、つまり革命論から引き受けたポジの画像が田口先生であったように思えて仕方ないのです。*

*富永と田口は東大駒場の弁論部の部室(北寮15番に富永、16番に田口)で知り合い、近年に至るまで学術的交流を行っている。最近の富永の労作には『戦後日本の社会学 一つの同時代学史』(東京大学出版会、2004年)、『社会学 わが生涯』(ミネルヴァ書房、2011年)がある。…田口後注

さてこうした認識の当否は別にして、ここに居並ぶ若手諸君は1980年代生まれで、自分で70年代を体験したという年代ではまったくないんですね。現在、私が大学で教えている学生に至っては90年代世代、つまりベルリンの壁崩壊以降に生まれた若者です。私について申し上げますと、歴史学専攻の学生として大学に入学したのが1975年です。高校生のころに、日本共産党の大躍進などがあり、大学に入りますと「人民戦線」の日本版でしょうか、「民主連合政府」なるものへの熱狂が始まっていました。このところ60年代末は政治的にラディカリズムの時代だと評価されていますが、まったく別な形態ながらも、

70年代中期も政治の季節でした。「よど号」ハイジャック事件やあさま山荘事件で、いわゆる新左翼の道徳的権威は失墜し、同時に理論的にも完全に人を魅了しなくなってしまった反面、既成左翼がうまく政治的批判の力を吸い上げた現象だったのでしょうか。私はこの時代のある意味では典型的左翼で、従って新左翼に一切の共感はなく、日本共産党の支持者、というよりも正統的な講座派マルクス主義者として知的人生を出発させました。

もっとも現実の学生運動家の知的頽廃と道徳的堕落はすさまじく、私の出身大学はこの手の正統派の暴力独裁が行われていましたので、すぐさま人間的に距離を置きました。ただし私の場合、自分の頭で選択して「正統的な講座派マルクス主義」者になっていましたので、自己責任を頬かむりしません。

大学に入学した直後、ヴェトナム戦争も75年4月30日にヴェトナムの勝利でもって劇的な終焉を迎えました。今では空想すらできないですが、日本共産党と創価学会の協定なるものさえ結ばれました。この時期の左翼学生にとって、必読文献が青木書店から発売されていた『現代と思想』という季刊雑誌です。生協の書籍部では、この雑誌はいつも平積みにされて、特集によっては飛ぶように売れてゆき、実際に私たちもよく読んでいました。言うまでもないですが、田口先生はこの『現代と思想』の主要執筆者の一人でもいらっしゃったのです。

ぜひ諏訪先生と田口先生に、1970年代につきまして、この時代には生まれていなかった若い世代にいろいろな提案をお願いするという観点から証言をいただきたいと思います。諏訪先生は、私たち文科系の人間には理解しがたいご専門領域のお話も含めてお話しいただきたく思いますので、ご経歴につきましても先生からお話し下さればと思います。

いきなりと言うと野放図になりますので、竹川君に研究者の立場から見た「1960年～

竹川　私自身は、先ほどお話しされたように80年代生まれですので、60年代から80年代の歴史を同時代史として生きたわけではありません。ざっと眺めなおすことにしたいのですが、もし何か間違いがあれば指摘していただきたいです。

まず、60年代。1960年は社会運動史のうえでは、安保闘争によって歴史に年代が刻まれています。国民的な高揚を見て、社会運動の枠を超えた歴史的事件に発展するのですが、所期の目的であった安保条約そのものの延長は阻止することはできませんでした。ただし日米安全保障条約の更新をゴリ押ししていた岸信介内閣を事実上倒閣することにはつながるのですが、池田内閣の成立とともに国民的な盛り上がりそのものは収束してゆくことになりました。

それが再び少し芽が出てくるのは、東京オリンピックの後くらい。ヴェトナム戦争とそれと有機的な関係を持ちながら日韓条約の締結問題など、戦後処理全体とかかわりを持つ日韓条約の締結問題など、戦後処理全体とかかわりを持つ政治闘争が後退し、いわゆる市民運動に見られる市民運動と言われる人たち、「ベトナムに平和を！市民連合」（ベ平連）(27)とかの運動がはっきりと出てきた時代でもあります。これを担った人々は、高度経済成長によって「やや豊かになって」しかも一定の知的な背景を持った中間層です。この時期には農村はすでに保守の地盤と化していまして、都市こそが60年代のラディカルズの出現する場所になったと思いますし、社会運動も都会的センスと「市民」の自主的参加を謳うような独特の組織論を持つようになります。ただし、まだ60年代中期には過渡的な兆候が現れているだけで、60年代後半から中国の文化大革命と68年のチェコ事件によって大きな旋回をすると思います。

ず前者は、実際の中国の実態とは別に一種のコ

ミューン的な社会運動への幻想を掻き立てました。本当は中国共産党内部の権力闘争に過ぎなかったのかも知れませんが、既成の知的な権力、党官僚組織、さらに学校教育をはじめとする近代の管理システムなどへのプロテストの象徴になったのです。この時期には日本の産業化の矛盾が環境汚染問題を激烈に起こしていました。水俣病や四日市の喘息など深刻なものがあり、しかも既成の自民党政治や産業界は一体としてそうした問題を隠蔽していたわけです。ここに反近代という思想的立場が登場するわけですが、中国の文化大革命も反近代文明論のような問題提起に変形して日本で受け入れられた気配もあります。近代の問題を徹底的に問い返した思想家にアイヴァン・イリイッチがいますが、学校批判や近代医療批判など文化大革命の受け入れと重なるところもありますね。そういえば「裸足の医者」も脚光を浴びたと言われていますね。それと後者のチェコ事件は、田口先生もよく触れておられますが、既成の社会主義

権力やその理論を決定的に威信失墜させてしまいました。この既成の社会主義については、先に小島先生も触れられたのですけれども、50年代の半ばから理論的な不具合感と既成の理論への抵抗的なものは起こってはいましたが、先駆的指摘にまだ留まっていたのではないでしょうか。60年代の構造改革論は、確かに再検討に値する大きな問題提起ではあったのですが、日本共産党内部からは追放されてしまい、日本社会党内部では社会主義協会のような公式的マルクス主義の強い影響を残すフラクションによって事実上葬り去られてゆきます。既成の社会主義勢力は、こうして内部から蘇生するモーメントを自ら葬り去り、広範に成長し始めた中間層などとの感覚的なズレが次第に明確化し、ちょうどその時期に、中国とチェコの二つの事件が象徴的に惹起したことになると言えそうです。

もう一つは革新自治体の登場です。これは諏訪

第1部　人民戦線・「田口・不破論争」・名古屋知識人

先生と田口先生にも大きな関係を持つことになります。1967年、社共推薦の美濃部亮吉が東京都知事選で勝利し、その他にも数多くの革新自治体というものが日本全国に台頭してくるようになります。よく知られたところでは、大阪府の黒田了一知事、京都府の蜷川虎三知事、横浜市の飛鳥田一雄市長、沖縄県の屋良朝苗知事（沖縄返還まででは琉球政府行政主席）がいますね。ただし、蜷川については1950年代の頭にはすでに府知事に当選していました。厳密にいえば、革新自治体は60年代以前にもあったわけですが、ただその勢力が一気に全国へ拡大し、しかも日本の中心的な都市を一度に得られたということがはじめてでしょう。なぜそれができたかといえば、もちろん数々の高度成長に伴う公害問題などの社会的矛盾もありますが、自民党の信頼を一気に失墜させるものとして、いわゆる黒い霧事件などの影響も見逃せません。1976年の話になりますが、ロッキード事件はその総集編のようなものでした。

そして、1970年に宮本顕治が日本共産党の第11回党大会で民主連合政府を「70年代の遅くない時期」に成立させるというスローガンになるわけです。そこまで断言ができたのは、その前年69年に衆議院での躍進がありました。共産党は5議席から14議席へ、一気に駆け上がります。その後、1972年の第33回衆議院議員総選挙では、共産党はさらに大躍進し、24議席を獲得します。この時、民社党は惨敗、38議席を獲得します。この時、民社党は惨敗、自民党も後退して、社会党が少し議席を伸ばしました。いよいよ、連合政権樹立への気運が野党の間で高まってきて、1973年にはそれぞれが連合政権の構想を掲げます。日本社会党は「国民連合政府綱領案」、日本共産党は「民主連合政府綱領案」、公明党は「中道革新連合政権構想の提言」、民社党は「革新連合国民政権構想」です。

ただ、連合の形態についての認識は野党間で一致しておらず、このあたり足並みがそろわなかったことが、結果的に70年代に政権交代に至ることが

できなかった一因でもあるのではないかと思います。

そのあとですが、共産党が躍進するのに対して、社会党側が社公民路線というものをはっきりと提示するようになって、共産党を牽制するかたちとして、事実上は江田派など右派を中心として、革新連合政権構想というものが出てきますけれども、それは、もちろん共産党抜きの野党連合というかたちを提唱します。なお余談ながら、成田知巳(37)という社会党内の重要な人物は、共産党を含んだ野党連合を考えていたため、社会党内部の派閥抗争というかたちで、内部抗争が激しかったと聞いています。

この時期、70年代前半にユーロコミュニズム(38)の流れというものがはっきりと出てくるようになりました。イタリア、フランスとスペインの共産党の中から生まれてきた理論的動向で、スペインはまだフランコ政権下にあったと思います。この流れは、間違いなく日本の共産党にも大きな影響を与えて、日本の共産党もこの三国の共産党と非常に深い接触を始め「ユーロ・ジャパニーズ・コミュニズム」なる言葉も共産党に近いところで使われはじめました。

そして、一九七六年、日本共産党13回臨時党大会で、「自由と民主主義の宣言」というものを出して、ユーロコミュニズム的な流れをはっきりと提示するようになります。

宮地健一さんのウェブサイト（「宮地健一のホームページ――共産党問題、社会主義問題を考える」http://www2s.biglobe.ne.jp/~mike/kenichi.htm 2011年9月29日確認）に、明らかに当時の宮本顕治(39)はユーロコミュニズム寄りになっていたと書かれていますが、それは事実でしょう。宮本は、1973年以降は特にイタリア、フランス、スペインと会談や訪問、意見交換を繰り返していたようです。

70年代はすなわち、この先進国革命路線という

ものが活発に議論された時代ということができます。そして、その中心におられたのが田口先生であり、そして、藤井一行さんと、中野徹三さん、このお二人の理論的活躍も特筆されるものがありました。

先の宮地健一さんの情報によりますと、宮本は1976年あたりからユーロコミュニズムに、突然ではないかもしれませんけれども、疑問を持つようになりはじめたとされています。やはりその理由はこの路線が最終的にスターリン批判の文脈から、結局レーニン主義全体に対する疑惑を提示し、そして民主集中制を放棄する流れを持っていたからです。その翌年、宮本は1977年にイタリア共産党を公然と批判します。こうした流れのなかで、70年代終わりに、田口先生と不破哲三との間で、いわゆる「田口・不破論争」が起こり、そして結果的にはネオ・マルクス主義の粛正、徹底的なネオ・マルクス主義弾圧というものがなされたわけです。

同時に、この70年代終わりに革新自治体が自民党などのTOKYO作戦なる巻き返し戦術によって、後退していくかたちになります。この動向はラディカルズの後退と言うよりは、戦後の社会的構造が完璧に変わって旧来の政治的構図そのものが変化した、と把握した方が正しくはないかと考えます。私の生まれた80年代は、70年代とはおよそ違った光景が広がっていたわけですね。

註

1 アイザック・ドイッチャー（Isaaac Deutcher 1907〜1967）ソ連研究家。ポーランド生まれのユダヤ人で晩年はイギリスに定住。多くの同時代ソ連に関する論評、スターリンとトロツキーの伝記を書き、とくにトロツキー三部作（『武装せる予言者』、『武力なき予言者』、『追放された予言者』）は名著の誉れが高い。ソ連史の研究家であったE・H・カー（→注69）などとも親交を結ぶ。その独自なソ連論は『ロシア革命50年 未完の革命』（山西英一訳、岩波新書、1967年）

伽藍が赤かったとき ―1970年代を考える―

に簡潔に述べられ、自叙伝『非ユダヤ的ユダヤ人』（鈴木一郎訳、岩波新書、1970年）は現代思想史を側面から読むための必読文献でもある。

2　1967年にメガヒットした楽曲。作詞は吉岡治、作曲は原信夫、バックコーラスが「ブルー・シャトー」でレコード大賞を受賞したブルーコメッツである。この歌は、美空ひばりがミニスカートを身にまとって熱唱した。まずこの楽曲について、曲名もシンガーたちの芸名も極めて直裁なシンボリズムで表象されている事実に注目しよう。「美空ひばり」が「ブルーコメッツ」をバックに「真っ赤な太陽」を歌うとは見事に均整の取れた詩的色彩構成になっていて、その安定した記号的配置にオプティミスティクな叙情を体感する。「真っ赤な太陽」を翌年「世界第二の経済大国」となる日本の比喩として受け取った人も多いが、同じ程度に石原慎太郎の『太陽の季節』（1955年）を思い出した人もいたはずである。石原の作品にある「陽性のニヒリズム」は、今や否定すべき旧道徳の崩壊のもと、「体制的なかけ声」に激変した画期を告げるシンボルであろうか。

3　いずれも1968年に生起した世界史的事件で「20世紀でもっとも重要な年」と評される所以である。桂秀実『1968』（思想読本11、作品社、2005年）がこの「1968年」勉学のための好個の入門書である。

4　アメリカ第40代大統領レーガン（Ronald Wilson Reagan 1911〜2004年、在任1981〜1989年）によって採用された新自由主義政策。サッチャー（Margaret Hilda Thatcher 1925〜、在任1979〜1990年）もほぼ同じような財政政策を採用した。同時に対東側現実外交をともに発揮し、旧共産圏の平和的政治体制移行にとくにレーガンの功績は注目されつつある。

5　和製英語である。1973年の第四次中東戦争に際し、アラブ産油国は親イスラエル政権に禁輸措置をとったため、安価な原油に依存してきた西側先進国に大打撃を与えた。原油値上げの価格的衝撃も大きく、旧植民地諸国の経済ナショナリズムの発動として世界史的意義を有する。原油のほぼ100パーセントを輸入に依存する日本はその激震を直接受けることになり、いわゆる省エネ製品の開発など技術革新に結びついた。この状況は堺屋太一の小説『油断！』（1975年）に描かれている。

6　近年「OA革命」は死語となったが、和製英語で「オフィス・オートメーション」。インターネットも個人用デスクトップ・パソコンの普及する90年代に先立ち、80年代には事業用コンピューターが繁用され始めになって普及し、やがて小型化されたコンピューターは「マイコン」の名称で家電製品に応用され、マッキントッシュ以降の90年代のパソコン時代、さらに労働の省力化に貢献した。OAは「省エネ」とセット

Windows95（この年がIT元年と言われる）以降のIT革命につながる。なお「IPS」コンピュータ博物館」のウェブサイト（http://museum.ipsj.or.jp/index.html）にはOA時代のコンピューターについての画像が豊富である。日本のOA革命を理論的に指導した南沢宣郎（1918年〜）の業績についてもこのサイトから入門したい。

7　1959年に創刊し、1992年に終刊した朝日新聞社発行の週刊誌。とくに60年代の中期以降はラディカリズムの中央機関誌の観を呈し、やがて70年代には「市民主義的左派」、そして84年に筑紫哲也編集長が就任して以降は「ニュー・アカデミズム」の台風の目となった。『若者たちの神々』はその記念碑的対談である。

8　フランス現代思想（構造主義、脱構造主義）について解説した浅田彰（1957年〜、京都造形芸術大学大学院長）の『構造と力』（勁草書房、1983年）がベストセラーとなり、これをきっかけに「ニュー・アカデミズム（ニューアカ）・ブーム」を引き起こした。『構造と力』そのものはよくできた解説本で、独創的な思想的業績であったとは言えないものの、簡潔な文体や程よい「難解さ」をも含めたファッション感覚は同時代のカノンとなった。

9　福本和夫（1894〜1983年）によって巻き起こされたマルクス主義的な思想的論戦とそれに対する思想界の疾風怒濤をさす。福本は既成の社会民主主義を批判し、「結合の前に分離」する必要性を絶叫し、結果的には前衛党論を弁明することになった。しかし近年の研究では、福本の知的営為は20年代のヨーロッパ・モダニズムとの関連が深く、狭いマルクス主義内部の論戦としての「福本イズム」を考えてはならないと指摘されるようになった。小島亮編『福本和夫の思想』（こぶし書房、2005年）を参照。

10　1928〜2004年。東京大学文学部卒、名古屋大学文学部教授などを歴任し、神奈川大学に勤務し大学院歴史民俗資料学研究科を創設する。日本中世史を専攻するなど、日本史のあらゆる領域に論究を行い、「網野史学」と命名された学問体系は日本の歴史学を一変させた。『網野善彦著作集』（全19巻、岩波書店、2007〜2009年）。最終巻に年譜と著作目録を収録する。

11　西武資本とタイアップした「ニューアカ」や芸術家によって模索された80年代文化。都市をイヴェント会場として文化の舞台化する発想や、糸井重里（1948年〜、コピーライター）の斬新なコピーを用いた広告、ヨーロッパやアメリカの同時代文化の紹介を大胆に行ったりするスタイルは消費文化だけでなく都市景観の変貌にも大きな影響を与えた。なかでもウッディ・アレンを起用した「おいしい生活」のキャッチコピーはあまりにも有名である。池袋の西武百貨店、とくに書籍販売コーナー（池袋リブロ）と西武美術館、六本

木の「シネヴィヴァン六本木」は文化の聖地であった。池袋リブロからはジュンク堂池袋店にスタッフも継承され、現在に至っている。「ジュンク堂文化」があるとすれば、起源はこの西武百貨店にさかのぼり、まさに「セゾン文化」の遺産である。この事情は田口久美子（ジュンク堂池袋店勤務）の『書店風雲録』（ちくま文庫、2007年）を参照。なお「セゾン文化」とともにこの時期に草創期を迎える芸能界ニュー・ウェーブの諸相を知るために宮沢章夫『東京大学「80年代地下文化論」講義』（白夜書房、2006年）は必読。永江朗『セゾン文化は何を夢みた』（朝日新聞出版、2010年）をも参照。

12 本冊子所収の小島亮「1970年代を再検討するために」を参照。

13 1933年にフランスで起きた贈収賄事件。スタヴィスキー（Serge Alexandre Stavisky 1886～1934年）の創業した信用金庫の詐欺行為に政府要人の関与が取り沙汰された。右翼と左翼の対立を激化させ、保守政財界の腐敗を印象づけ、人民戦線政府の樹立の契機となった。

14 1932～2003年。経済学者。名古屋大学経済学部を卒業して、名古屋大学教授、国際日本文化センター教授、中部大学経営情報学部教授を歴任。1980年に第一回石橋湛山賞を受賞して以降、経済論壇のリーダー的存在として活躍。経済学者としての出発点は跛行的経済構造（日本の二重構造のような）を数理モデル化して「型」というよりも経済発展の普遍的過渡形態として把握した業績であった。

なお共産党正統派に近いこうした認識は共有されていた。ただし管理労働、精神労働の範疇の拡大することによって旧来の労働者概念をそれに基づく階級社会論を弁明する論理構造にはなっていた。先鞭を付けた芝田進午（1930～2001年、哲学者）の「精神的労働論」で、芝田にくらべればやや機械的なドグマに転落したとは言え山口正之（1918～1999年、立命館大学名誉教授）の「労働の社会化論」もそうである。20世紀の社会学や精神科学書領域を精力的に読み込んで再措定した貪欲な論究を敢行し、『現代の精神的労働』（三一書房、1960年）を皮切りに多くの著作を執筆、『双書 現代の精神的労働』（全7冊、青木書店、1975～1984年）を編集した。山口の著作はレーニンの引用のみでこの論究を正当化する時代錯誤的なスタイルながら、『現代社会と知識労働』（新日本新書、1972年）に典型的な論法を読むことができる。「資本家―労働者」モデルへの訣別は、さかのぼればダーレンドルフ（Ralf Dahrendorf 1928年～）『産業社会における階級と階級闘争』（富永健一訳、ダイヤモンド社、1964年）に行き着く。「資本と経営の分離」や「管理労働」の広汎な形成」認識をマレ（Serge Mallet 1927年

第1部　人民戦線・「田口・不破論争」・名古屋知識人

～）に典型を見る『新しい労働者階級』（海原峻・西川一郎訳、合同出版、1970年）と把握し、マルクス主義の修正につなげれば「修正主義」となり、古典的労働者階級概念の「新しい存在形態」としてマルクス主義の新規実証例と捉えれば上記の芝田や山口の形になる。なお、「労働の社会化」を社会的分業論と生産力発展論を統合する概念と把握し、マルクス主義の刷新を目指した労作として富沢賢治『唯物史観と労働運動──マルクス・レーニンの「労働の社会化」論』（ミネルヴァ書房、1980年）を忘れてはならない。

16　エドゥアルト・ベルンシュタイン（Eduard Bernstein 1850～1932年）が提唱した理論で一般的に「修正主義」とも言われる。マルクスの前提にあった無権利状態の労働者の状況は工場立法で改善されたばかりか普通選挙制も施行され、さらに労働者階級が貧困化せず、中間階層に発展しつつある20世紀の現実において、古典的なマルクス主義の革命理論は根本的な修正を要するとした。既成の国家的機構内部で議会を媒介者として漸進的に社会主義に移行するのが現実的な革命形態であると主張し、革命に固執する古典的マルクス主義者と大きな論争・分裂を作り出した。

17　日本社会党の政治家、江田三郎（1907～1977年）によって示されたもの。アメリカの生活水準、ソ連の社会保障、イギリスの議会制民主主義、日本の平和国憲法など既存社会の肯定的要素を継承し、改革

18　ミシェル・フーコー（Michel Foucault 1926～1984年）の著名な議論である。近代的建築の監獄に入れられた人間は権力者のまなざしによって監視され、またまなざしを受けているように感じるように、権力は「権力者」が力を発揮するというよりも相互監視などの関係性を形成して存在するとする考え方。フーコーの『監獄の誕生──監視と処罰』（田村俶訳、新潮社、1977年）などを参照。

19　労働者階級の発展度の低い地域では、政治的意識と目的意識により結合した労働者階級のより先鋭的な部分が政治的に指導する組織を結成しなければならないとする考え方。ロシアのような専制権力あっては武装した秘密組織でなければならないとされた。「共産党」はそうした前衛党であり、名称もロシア革命後の共産主義者の世界組織のコミンテルン第2回大会（1920年）が採択した「加入条件21箇条」に由来する。前衛党論を否定するならば「共産党」の名称も変更せねばならない。

20　国家は社会の一部にすぎず、労働組合や教会などのような自治権をもつ他の諸集団と同位にならぶ一集団とする学説。ハロルド・ラスキ（Harold Joseph Laski 1893～1950年）などによって提唱された。国家権力の特殊性を否定もしくは極度に限定的に考える

21　1922〜1995年。経済学者。東京商科大学卒。名古屋大学経済学部、京都大学経済学部で教鞭を執る。晩年は鹿児島経済大学学長として采配を奮い、鹿児島で死去。ケネーの経済表の研究からマルクスの再解釈に取り組み、市民社会論を展開。『市民社会と社会主義』（岩波書店、1969年）は日本社会科学史上に輝く最も独創的業績の一つである。

22　タルコット・パーソンズ（Talcott Parsons 1902〜1979年）の社会の一般理論を基本的に継承する立場を指す。パーソンズは人間の行為が社会を形成するメカニズムや、ひとたび形成された制度的な社会が人間行為に与えるフィードバック機能などを分析し、あらゆる社会をメカニクルに把握するための準拠枠（理論的一般モデル）を構築しようとした。

23　1931年〜。社会学者。東京大学文学部卒。東京大学文学部教授を長年務める。社会階層や社会移動、社会変動に関する研究を行い、構造＝機能主義を社会変動論に応用した業績を多く残し、国際的影響力も大きい。学問的自叙伝としても読める『戦後日本の社会学—ひとつの同時代学史』（東京大学出版会、2004年）に加え、狭義の自叙伝に近い『社会学　わが生涯』（ミネルヴァ書房、2011年）も上梓している。

24　ウォルト・ホイットマン・ロストウ（Walt Whitman Rostow 1916〜2003年）によって一般理論化さ

れた歴史理論。社会をいくつかの計測可能なパラメーターに分解し、それらの充足の度合いで社会の「近代化」の度合いを評価する理論。ヴェトナム戦争でジョンソン政権のブレーンとなり（この様子はハルバースタム（David Halberstam 1934〜2007年）の『ベスト・アンド・ブライテスト』浅野輔訳、サイマル出版会、1976年）に描かれている）、政府を退任後はテキサス大学で教鞭を執った。

25　『日本資本主義発達史講座』（岩波書店、1932〜3年）の指導的理論家と基本的に立場を同じくする日本経済史の理解を「講座派」と称する。政治的にさらに日本共産党支持者である場合、「正統派」とも表記する。この両者がタイアップするのは、のちに日本共産党中央委員となる野呂栄太郎（1900〜1934年）が『日本資本主義発達史講座』の編集者であったことと、その主論調がコミンテルンの「日本における情勢と日本共産党の任務」（1932年5月、通称「32年テーゼ」と呼ばれる）の日本資本主義論と近似していたためである。「講座派」であっても共産党と立場を異にするケースは、神山茂夫（1905〜1974年）のように「正統」とは分類されない。理論的特徴を簡潔に記すと、日本の資本主義は、西欧のように歴史的に内生して自立したものでなく、絶対主義権力によって「上から」導入されたものであるとする視点から出発する。資本主義が再生産するためには広大な地主制

による小作人の搾取が必要であり、この地主制は半封建的経済制度であるとした。言い換えれば、日本資本主義は半封建的経済制度を前提としてしかあり得ないと考える。こうした状況では、世界的に封建制と闘ったブルジョアジーは、封建制と妥協するしかないため、革新的な役割は果たせない。日本社会を変革すること ができるのは、プロレタリアートと小作人であり、彼らは世界史上、ブルジョアジーの担った使命をも果たす。こうして「ブルジョア民主主義革命」がプロレタリアートと農民の課題となるが、この革命は急速に「プロレタリア革命」に転化する。「二段階革命」の理論が理解されるのはそのためである。主要な理論家に、山田盛太郎〔→注80〕、平野義太郎、野呂栄太郎(彼らを三太郎と言う)、羽仁五郎、服部之総などがいる。なお世界史的に資本主義発展の初期段階にあるものとして日本資本主義を把握し、「日本資本主義の再生産構造」に「反封建的経済構造」が存在すること を固定的に考えてはならないとした立場を「労農派」(この立場の依拠した雑誌名に因む)と言う。高橋亀吉〔→注79〕は現状認識を「講座派」と同じくしながら、マクロ財政政策を媒介として欧米型資本主義を日本に創出する方途を模索した論者で、「労農派」の一員ではない。

26 『文藝春秋』1975年10月号が「共産党と創価学会」を特集していて、宮本顕治「歴史の転換点に立つ」と池田大作「文明的共存の道をさぐる」の二つを掲載している。同号に収録された痛快かつ科学的な分析である「I・M・ディクタツーラ」なる偽名(池田・宮本の独裁という意味)による『独裁者の饗宴 1975年夏』は必読文献である。なお『池田大作・宮本顕治 人生対談』(毎日新聞社、1975年)とい う幻の書も忘れてはいけない。70年代半ばに池田大作は、共産圏への熱い視線を送っていて、『中国の人間革命』(毎日新聞社、1974年)、『私のソビエト紀行』(潮出版社、1975年)のような著作で共産圏への思想的和解とも受け取れる主張を展開している。この時期の「池田外交」と日本共産党との協力協定の関係も再検討しなければならないだろう。

27 1965年に「ベトナムに平和を!市民文化団体連合」として創立し、翌年にこの名称となる。当初は広汎な市民の運動体であったが、やがてラディカルな運動体となって新左翼の一端を担う。「ベ平連」と略称された。全共闘と同じく組織を否定する自由な運動形態を特徴とし、1974年に解散した。小田実(1932~2007年、作家)、鶴見俊輔(1922年~、哲学者)などが思想的代表者のように受け止められていたが、多様な思想的潮流が混在していた。脱走したアメリカ兵を逃亡させる工作にも関与していたが、これに関わっていた高橋武智(1935年~、フランス文学、思想研究者)は『私たちは、脱走

28　アイヴァン・イリイッチ（Ivan Illich 1926〜2002年）。オーストリア生まれの思想家でクロアチア人とユダヤ人の血を引く。カトリックの司祭として南北アメリカにおいて活動し、破門されたあと近代文明を総体として批判する知的作業を行う。学校、医療、性分業などを検討して現代思想に大きな影響を与えた。著書に『シャドウ・ワーク』（玉野井芳郎・栗原彬訳、岩波現代文庫、2006年）など。

29　中国の文化大革命時代の政策の一つとして行われた一種の素人医師の呼称。ただし専門的な医師は知識人追放によって人数が足りなくなっていたので、日常的医療をこうした形態で糊塗しただけであった。日本などでは制度的医療に従事する医師を批判する理念型として理想化された。なおJ・S・ホーン『裸足の医者とともに──イギリス人医師のみた中国医療の15年』（香坂隆夫訳、東方書店、1972年）を参照。これを一気に有名にしたのは本多勝一『中国の旅』（朝日新聞社、1972年）であったかも知れない。

30　1904〜1984年。経済学者。東京帝国大学経済学部卒。戦前は法政大学、戦後は東京教育大学で教鞭を執り、経済評論家としても知られる。憲法学者の美濃部達吉の長男。1967年に社会党、共産党推薦で都知事当選。革新都政として三期担う。引退後は参議院議員。都知事時代の回想である『都知事十二年』（朝日新聞社、1979年）がある。

31　1911〜2002年。東北帝国大学法文学部卒。憲法学者。大阪市立大学教授を歴任。大阪府知事としては1970〜1979年まで在任。

32　1897〜1981年。京都帝国大学経済学部卒。京都大学経済学部教授を務める。統計学者。京都府知事としては1950〜1978年まで8期にわたって在任。

33　1915〜1990年。明治大学法学部卒。横浜市会議員、衆議院議員などを経て横浜市長としての在任は4期の1963〜1978年。

34　1902〜1997年。広島高等師範卒。教職に就く。琉球政府行政主席として在任は1968〜1972年。施政権の日本への返還後、県知事としては1972〜1976年。

35　松本清張が『文藝春秋』の1960年1月〜12月号に連載した「日本の黒い霧」から金銭がらみのスキャンダルや「隠された歴史」を「黒い霧」と呼ぶようになった。1966年に起きた自民党を中心とする一連の不祥事に命名されて以来、しばらく汚職のメタファー

36 社会党、公明党、民社党の中道連合。各党の立場としては公明党が1973年に打ち出した「中道革新連合政権構想の提言」は社会党、共産党とかなり似通っていたが、民社党の「革新連合国民政権構想」は反共主義、議会主義偏重、安保段階的解消、反独占視点の欠如、自衛隊容認など社公共とはかなり異なっていた。その後公明党は民社党に歩調を合わせるようになり、「社公民路線」と呼ばれるようになる。

37 1912〜1979年。東京帝国大学法学部卒、社会党左派の政治家・理論家。革新自治体の次々と生まれた68年から社会党委員長。77年まで在任し、党内の対立によってリーダーシップが発揮できなかった。77年に委員長を辞任。

38 1970年代、西ヨーロッパ（特にフランス、イタリア、スペイン）で勢いを持った共産主義運動の潮流。ソ連共産党とは距離を置き、武装蜂起ではなく平和的移行、一国家一党制ではなく複数政党制、言論・思想の自由などを掲げた。共産党を含んだ政権の成立の可能性を現実化させるくらいの影響力を持った。その理論的創始者はイタリア共産党のグラムシ（Antonio Gramsci 1891〜1937年）と言われ、先進国の歴史的遺産と言うべき民主主義を継承して社会主義を模索する見解を提示した。ユーロコミュニズムの形成には68年のチェコ事件の衝撃が大きかった。エリック・ホブズボーム（Eric John Ernest Hobsbawm 1917年〜）の『イタリア共産党との対話』（山崎功訳、岩波新書、1977年）が今日でも生彩を失わない参考文献である。さらにイタリア共産党に近いジャーナリストのジュゼッペ・ボッファとフランス社会党のジル・マルチネの対談『スターリン主義を語る』（佐藤紘毅訳、岩波書店、1978年）も忘れてはならない。

39 1908〜2007年。東京帝国大学経済学部卒。学生時代に「敗北の文学」で文壇にデビューし、プロレタリア文学の理論家として注目される。1933年に逮捕され、1945年まで非転向で獄中にいた。戦後、1950年代半ばより共産党内でリーダーシップを発揮し、1958年に書記長に就任。これ以降、党の官僚制を整備し、実質的な体制的指導者となって70年代の党勢拡大路線も推進した。これ以降の日本共産党を「宮本体制」という。戦前に党内に潜入したスパイをリンチ死させた疑惑で裁判がされ、戦後も繰り返し「殺人者」呼ばわりがされてきたが、戦前の社会体制自体が暴力的な権威主義的独裁であったから、これに関しては事実の当否を離れても本質的問題であったとは思えない。むしろ戦後の日本政治について、その功罪の本質的問題として君臨した党内科学的に再検討すべきであろう。「宮本路線」のバイブルとして『日本革命の展望』（1961年原版、新日本新書、1967年）がある。

40 ここに話題にした宮地健一氏（1937年～、社会運動研究者）のウェブサイトとともに共産党や現代史運動研究を考える上で必見は加藤哲郎（1947年～、一橋大学名誉教授）氏の「加藤哲郎のネチズン・カレッジ」(http://www.ff.iij4u.or.jp/~katote/Home.shtml) である。

41 1933年～。ロシア思想史、社会運動史専攻。東京外国語大学卒。富山大学名誉教授。トロツキー、スターリン体制の研究などに先鞭を付ける。なおウェブサイト「藤井一行研究室」(http://www.ifujii.com/) を参照。

42 1930年～。ロシア社会思想専攻。北海道大学大学院修了。札幌学院大学名誉教授。スターリン主義の研究などに藤井一行とともに先駆的な業績を有する。中野徹三ウェブサイト (http://www.geocities.jp/tn1594/) を参照。

43 1930年～。東京大学理学部卒。大学卒業とともに労働組合に就職し、1970年に日本共産党書記局長に就任。1982年には中央委員会委員長となった。実質的に70年代以降の日本共産党の理論的指導者で著作も極めて多い。現在、日本共産党中央委員会付属社会科学研究所長。自叙略伝として『不破哲三 時代の証言』(中央公論新社、2011年) がある。長年「不破」という党名の由来は「ブハーリン」によるものと信じられていたが、本書中で明確に否定し、長年の憶測にピリオドを打った。

44 1974年、田中内閣時代、革新自治体の登場を危惧した自治省が批判を目的としたキャンペーン計画。TOKYOとは東京（T）、大阪（O）、京都（K）、横浜（Y）、沖縄（O）の頭文字。この取り組みは成功し1979年、東京都知事選で保守陣営が勝利した。なおTOKYOと同じアルファベットを用いて順番を変えればKYOTOになるが、革新自治体を革新陣営が怒濤の勢いで勝利していた時期、その攻勢をKYOTO作戦と称していた。これを逆にしたスローガンがTOKYO作戦なるものだった。

科学者の70年代

小島 政治的な話を中心に非常に簡潔に竹川君がまとめてくれました。70年代という時代認識を膨らませるために、まず諏訪先生に、科学者から見て1970年代とはいったい何であったかということを、ご発言いただけばと思うんですけれども。先生のご経歴につきましても、どうぞお話し下さいますようにお願いいたします。

諏訪 まず、いま竹川さんがおっしゃった不破哲三という人物。彼は東大の理学部の学生だったんです。私が二年生になったときに、不破君が一高から入学してきたんですね。小柄な人で、いまはちょっとでっぷり太っているけれど、ものすごく切れましたね。彼は物理に入ったんですけれど、一高のときから宮本さんを非常に尊敬していました。とにかく人柄がいい。不破哲三という名前は、私は名古屋大学の教員になってから初めて聞いたので、それまでは上田建二郎といったんです。次男坊で、お兄さんが上田耕一郎ですね。これもやはり一高から来た人で、彼は経済学部でしたか。

田口 経済ですね。

諏訪 ですから、不破君は非常に身近な感じなんです。理科の人間ですしね。彼は学生運動を非常に真面目にやって、学生大会でも活躍していました。とにかく、東大理学部学生自治会では、不破君が学生大会で演説をやり、その直後に採決すると、必ずストライキは成立しました。見事なものだったですね。

われわれが入学したころは、岡田要先生という動物学者で非常に人のいい方が学部長をされていました。その次の学部長が茅誠司さんだったです。この人もなかなかの人物で、私は官僚的な嫌な人だろうと思ってお会いしたら、結構人間的でしたよ。さて1970年について私のことをお話ししましょう。1969年の夏に突然日本学術振興会から、名古屋大学に連絡が来ました。私はちょうど

伽藍が赤かったとき ―1970年代を考える―

紀伊半島の山の中に入って調査していたのです。日本学術振興会からのお話は、69年の10月から70年の3月までアフリカに行く気はないかと言うことでした。

私は1962年からアフリカ調査を始めておりまして、それまでに二回、アフリカ調査をやっておりました。ちょうど名古屋大学も東大の影響で学生運動が非常に顕在化していたときで、豊田講堂を封鎖するのしないのという、そういう非常にガタガタしていた時期です。何となく私は嫌だなと思っていたから、これはもうアフリカに行った

田口富久治

ほうがいいだろうと決断しました。

6カ月間、ケニア、ウガンダ、ルワンダ、ブルンディ、南アフリカ、ケニアなど5カ国を走り回りました。当時の日本のケニア大使が「先生、本当に南アフリカにおいでになるんですか」というぐらいでしたが、私はどうしても行きたいので、南アフリカにも出かけました。それがまたよかったんです。

私にとって、1970年という年の6カ月間というのは、本当に素晴らしい月日でした。帰りにイギリスに寄りまして、リーズ大学に立ち寄って研究交流もやってきました。リーズ大学は南アのデビアスなんかから、多額の研究資金をもらってやっているんです。日本は本当に文部省から涙金が出るぐらいでしたから、まったく桁は違っていたのですが。

そのときに、私は70年にケニアのナイロビで小倉寛太郎と会っているのです。

田口　ああ、そうですか。

諏訪　はい。南アに行く前だったかもしれない

田口　先生、そのとき小倉さんは女房も一緒でしたか。

諏訪　いやいや、単身です。

田口　単身か。ちょっと横から話をしますが、彼の女房というのは、ミス三越だったんです。

諏訪　その話はあとで聞いた（笑）。

田口　すごい美人だったんだ（笑）。すみません。

小島　『沈まぬ太陽』は、最近、若松節朗監督、渡辺謙主演で映画化されましたね。

諏訪　そうです。あの主人公と田口さんが東大での学生運動の知り合いなんですよ。

小島　いや、いいんですよ。むしろそういう話こそ伺いたいですね。こうしたエピソードは、書き残さないと消えてしまいます。

諏訪　本に書いていないからね。私は1962年にアフリカ調査を始めているんですが、実際は

けれど。そのころに彼がカラチからやってきたんです。あの山崎豊子の『沈まぬ太陽』（新潮社、1999年）のね。

アフリカ調査の動きは1960年から名古屋大学でありまして、その精神的バックボーンになったのが、新村猛先生です。

田口　ああ、新村先生。

諏訪　ええ。新村先生と文学部の学生の熱意に動かされて、1962年のアフリカ調査の留守団長を務められました。70年に帰ってまいりまして、それから71年に、もうそのころから文部省も私をサポートしてくれて、71年、73年、75年、77年、79年、81年と、科学研究費を申請すると、必ず通るんですね。元気もありましたし、2年に一回、調査隊を率いてアフリカに出かけてゆきました。本当に忙しかったです。

アフリカから帰ると、500キロから、多いときは1トンぐらいの岩石が着くんですね。それを港で受けてから、隊員みんなで分担して、研究テーマごとに岩石の核種の分析をします。それから、論文を書く作業です。71年のものを73年の初めには出す、73年にはもう次の調査に行くと、本

当に忙しかったです。つまり70年代は私にとっては研究の絶頂期でもあったという事実をまず言いたかったのです。

70年の3月に帰ってきまして、71年のはじめに、美濃部先生が東京都知事になられ、全国的に革新の気運が高まっていた時代背景がありました。社会党、共産党を中心に、民主的な都政を東京でやるし、では愛知県でもやろうというので本当に盛り上がりました。愛知県は、当時は桑原幹根（みきね）という官僚上がりの、政治家としては決して悪くない人物が知事をしていました。桑原は当時の愛知県では一流の政治家だったと思います。だから、新村先生が革新陣営に推されて立候補されたときは、もう勝敗は見えていたように思われたわけです。桑原の当選は間違いないだろうとみんな考えておりました。

しかし選挙運動をやっているうちに、情勢は変化してゆきました。私は新村先生が演説を終わっ

て夜ホテルに帰ってこられるのを待ち受けて、先生をおなぐさめする仕事をしていたんですけれど、だんだん新村先生に元気が出てきたんです。ちょうど選挙戦半ばを超えたくらいからものすごく熱気が出てきました。いよいよ盛り上がってきたのです。

選挙当日の夜、新村先生を中心に社共両党の愛知県の委員長とか称する人たちも来ているわけですけれど、みんなもう敗北宣言の書面を用意しているんですね。残念だったとか、健闘空しくとか。ところが、開票が始まりまして、みんなの予想を大きく狂わせる事態になってゆくのです。まだその頃は田口先生は名古屋においでになっていない。名大法学部に赴任したのは1975年4月です。

田口　ええ、まだ東京にいました。

諏訪　どんどん新村先生の票が伸びてゆくのです。愛知県の郡部でもよい戦いぶりなのです。いよよ名古屋市に移ってきましたら、新村票がどんどん伸びるんです。結果的には、名古屋市では新村

第1部　人民戦線・「田口・不破論争」・名古屋知識人

さんのほうが勝ったんです。桑原は楽勝する予定が苦戦を強いられることになってしまった。共産党と社会党の県委員長なんかは慌てて側近と相談して、「ちょっとこの文面を変えないといけない」とかやっているんです。これは予想以上の大勝利でした。それで、開票が終わっても、すごい興奮の渦が収まらない。たくさんの人々が集まってきました。

結局、その勢いで本山政雄という人が名古屋市長になる。最初は、新村先生に名古屋市長に立ってほしいということだったんですけれど、次のような裏事情があったようです。ご存じでしょうけれど、新村家というのは江戸の旗本で、徳川慶喜の後ろで刀を捧げ持っていたのです。

田口　小姓ですね。

諏訪　側近の小姓なんです。要するに江戸の旗本なので、もともとは三河の侍なんですけれど、その末裔ですから、県知事には出ないこともないけれど、名古屋市長などは少し格が違い、また三河と尾張の違いもあったのですよ。やはり格を考えるんですね。私はそういうのは分からなかったんだけれど。

それで、名大教育学部教授の本山さんが出られました。本山さんという人はものすごく誠実な方でしたけれど、「モタ山」と言われたんですよ。もたもたしておられましてね（笑）。高速道路問題とか何とかで、みんなにいじめられていました。社共両党は高速道路なんかいらない、ところが、車に乗っている人とか、社共以外の人は、高速道路が欲しいと言うのです。板挟みになって、結局、もたもたして決められない。

それで、二期目はもう本山さんご自身が落選すると思っておられた。名大の理学部でも本山先生を励ます会を催してお呼びしました。そこで、「先生、今度の選挙はいかがですか。駄目ですかね」と私が率直に言ったら、「それが諏訪さん、変なことになっている。モタ山、モタ山と言われておりますから、もう落ちると思っておりま

37

したが、講演会場に入っていくと、お年寄りがたくさん来ていて、それがみんな私を拝んでいると言うんですよ。仏様にされた（笑）というんだ。

それで、なぜかというと、本山先生がやられた最初のお仕事は、65歳以上のお年寄りは、市バスと地下鉄を全部無料にしたんです。これは次の選挙に勝とうとか何とかということではなくて、お年寄りを大事にしないといけないということではなくて、お年寄りを大事にしないといけないということの信念でした。名古屋市のお年寄りは孫の世話ぐらいして、じっとうちにいたのが、バスと地下鉄がタダになりましたでしょう。それが無料パスのおかげで、例えば名東区から中村に行ったり、とにかく非常に年寄りが動くようになった。お年寄りは、本山市長さんのおかげだというので、本山さんが講演会場に現れると、みんなが拝むわけです。だから、第二期目もお年寄り票で当選しちゃったんですよ。それで、三期ぐらいまでやれたんですかね。何を言いたいかというと、社共の政権というのは年寄りを大事にしてくれるとみ

んなは感じた。みんな、われわれ、いままで動けなかった人たちを大切にしてくれるという感覚。自民党政権がつぶれて民主党の鳩山が出たときも、国民は一種の夜明けのような明るさを感じたと思うんですよ。鳩山がああいういいかげんな政治を行い、ちょっと駄目でしたけれど。とにかく世の中が少しずつよくなるんじゃないかという、そういう希望を抱かせたのは70年代には少なくもあったと思いますね。70年代の革新自治体の誕生は革命とか体制変革などと言った大げさな話でなく、何よりも弱者の立場を代弁してくれる政治をみんなが望んだことから生まれたと言うべきでしょう。

なお私自身は1928年生まれですから、1978年になると50歳です。70年代というと40歳代から50歳代にちょっとかかったころですね。だから、どんな専門でも一番脂の乗り切る年代ですけれど、学問的にも非常に充実したときでしたね。

小島 先生、ちょっとだけ若手のために注釈をさ

岩間・影浦・竹川　聞いたことがある。

小島　名前は知っているね。フランス文学者ですね。お父さんが新村出という『広辞苑』の初代編集者ですね。新村猛先生ご自身、戦前は反ファシズム抵抗雑誌『世界文化』の執筆者の一員として、人民戦線運動にかかわられた方です。戦後はずっと名古屋大学の有名教授として、中部地域の革新勢力の良心的象徴になられた存在で、愛知県知事選に新村先生が出てくるというのは、私の世代にとっては自然に聞こえるような感じがいたします。

革新自治体が登場する背景は、高度経済成長に伴う社会的矛盾を自民党政権がきちんと収めることが大きかった。環境問題は言わずもがな、都市の諸問題、今流に言いますと社会的インフラの決定的な欠如かです。旧来の伝統的コミュニティによって充足されていた社会の安全装置が、その崩壊とともに機能不全してしまう。それに代わる社会的なインフラは皆無に近かったのです。一方で、ヴェトナム戦争のような暴虐にアメリカの子分のような格好で付き合わされてしまう。ソ連や中国共産党は政治的に嫌いな方はいっぱいいても、ヴェトナム戦争でアメリカを支持する人は滅多にいなかったのが日本の現実ではないですか。このまま放置すると、公害病は放置される反面、ヴェトナム戦争の片棒を担がされて地獄に落ちる。自民党に政権を任せておいたら、日本はどこに連れて行かれるか分からない。これを何とかしてくれるのではないかという期待みたいなもので、革新首長候補に票が集まった事情があったと思います。

この話はこの話として、先生のご意見をいろいろ伺いたい点なんですけれど、同時に科学技術者に対する、いわゆる科学批判みたいなものも、公害反対運動とともに始まっていくと思います。諏訪先生、現場の科学者として、60年代の終わりぐらいから始まる科学に対する極めて批判的な考えといいましょうか、風潮といいましょうか、そう

せていただきますけれど、新村猛という名前は、みんな知っているかな？

諏訪　私は公害のことを言うのを忘れておりましたけれど、少し教育的な背景から述べさせてください。われわれ旧制高校の出身者は、大学に入る前に3年間、高等学校で勉強いたしました。東京には一高、京都には三高がありまして、名古屋だと八高があったわけです。のちにできた高校はナンバーではなくその地名を付けて命名されました。

九州には四つ旧制の高等学校がありまして、熊本に第五高等学校、鹿児島に第七高等学校、それから福岡に福岡高等学校、佐賀に佐賀高等学校が設置されていました。

われわれよりも少なくとも3年ぐらい上の連中は、もう高等学校に入ると受験競争は終わっていました。全国の高等学校の定員のほうが帝国大学の入学定員よりも少ないですから、酒を飲んでいても、どこかにとにかく入るわけです。われわれの3〜4年先輩は、理科の学生が東大の文学部の哲

いうのを受け止めるような部分は科学者の側にあったんでしょうか。

学なんかにも入れたんです。そういう時代でした。私は1945年に高等学校に入りました。卒業したとき、帝国大学なんていう名前も廃止されて、東京大学、京都大学など現行名に変わってしまいました。そうすると、旧制の高等学校卒業生だけが帝国大学を受験できるという、ほとんど独占状態が全部撤廃されて、高等工業学校とか、いろいろな専門学校からも優秀な人が大学に押し寄せたんですね。

われわれの七高は、終戦の2カ月前に鹿児島で焼け出されて、鹿児島県の一番北の出水の航空隊のあとに、2年間ぐらい仮住まいしたんですね。当時の七高生は鹿児島ではなくて出水で勉強したんです。

1946年の初めだったと思うのですが、水俣の工場見学をしようというので、みんなで行きました。七高の先輩が工場長だという話でした。当時工場長の月給が900円と言われたのを覚えていますけれど、すごく高給なんです。そこは、硫

諏訪兼位

安をつくっていたんです。これは肥料なんですね。硫安肥料が食糧増産のためにものすごく必要なんです。それを水俣工場でつくっていたんです。
「諸君も工学部の応用化学に行ったら、将来はこういう水俣の工場長になれる」とか言われてね。すごく設備が素晴らしくて、戦争中多少は爆撃でやられたと思うんですけれど、それも復旧していました。水俣というのは、私にとっては戦争直後の日本の国のために非常に貢献している硫安工場だという、そういうのが第一印象だったんです。
ところが、その水俣で、まず飼っているネコがものすごくよろけだしたんですね。よろけが見つかったのは１９５３年ぐらいからでしょうか。有機水銀を含む魚を食べているわけですね。魚の中に有機水銀が蓄積されているのです。やがて被害は人間に及ぶようになり、水俣の奇病として知られるようになってきます。
原田正純[56]さんが非常に的確に、水俣でどうして人がどんどん死んでいくか。そのメカニズムを必死の覚悟で追求されてゆきましたね。水俣病の患者さんの死に方もまた非常に悲惨なんですね。工場側は、それを対して東京の御用学者たちに適当に頼むわけですね。そこでは会社側の意図に沿った、オブラートで包んだような、訳の分からないレポートを書いてくるわけですよ。そういうのをよりどころに工場は弁明しているわけです。
自民党政権も完全に会社と一体になってしまう。原田正純さんは、熊本大学医学部の教授になれなかったんですよ。助教授止まりでしたね。とにかく、正しいことを言っている人間に対して、もの

すごい圧力を加えるわけです。

しかし1年とか2、3年の短期決戦では、それで押さえ付けられるでしょうけれど、真実はやがて暴かれるのです。いろいろな人が立ち上がりはじめる。石牟礼道子(57)のような文学者も立ち上がる。彼女も熊本のご出身ですね。『苦海浄土』なんていう傑作を書いてね。会社は責任がないなんて言っているけれど、とんでもない。水俣の工場から有機水銀がどんどん垂れ流しになって、それが魚に蓄積されて、その魚を食べる漁民や一般の人々とかが次々に水俣病になるわけですね。

公害問題に関しては、良心的な科学者がものすごくいい仕事をしたけれど、それは露骨な嫌がらせと封じ込めの圧力との戦いでした。一方で御用学者が数年間は幅を利かせる。彼らは当時の自民党政権と会社側と一緒になってグルになる。というのが次第に崩されて行きました。やがて富山県の神通川で同じような症状が出てきたんですよ。これはどうしてだろうというので、調査してゆく

と神通川の問題はカドミウムでしたね。カドミウムのオリジンをずっとたどると、今、神岡鉱山の奥深くで、ニュートリノを測定している場所ですね。

小島　カミオカンデですね。

諏訪　カミオカンデをやっている小柴昌俊(58)さんの仕事が非常に脚光を浴びています。当時は、神岡鉱山は鉛・亜鉛の巨大な鉱山だったんです。三井が持っていまして、たくさんの従業員が働いていて、多くの優秀な地質学者も働いていました。ここからカドミウムが出るということがはっきりしたわけです。

あの問題も、紛糾する事態になりましたが、結局、良心派の学者の主張が通って解決の糸口がつきました。その後、阿賀野川のいわゆる第二水俣病問題が出てきましたね。良心的な仕事をする人は、個人としては出世をストップされるんだけれど、世の中を動かす好例ですね。そういう研究者を本当に支援しているのは、お金のない一般の

方々であり、政党で言うと社会党とか共産党とか、そういう雰囲気はありましたね。

政治の世界とか文科系の学問にはあるんだろうと思うけれど、自然科学の場合にも、御用学者というのが出てくるんですよ。公害つぶしのね。原爆弾の場合だってそうなんですよ。原爆や放射能汚染などにたいしたことはないというようなことを平然と言っていたものです。湯川秀樹先生をはじめ、ノーベル賞の益川敏英さん然り、良心的研究者は核兵器は廃絶しないといけないという信念をお持ちなのです。その説得力のほうが学問的には全然無理がないんですよね。こう考えれば、科学批判というよりも科学者の風上にも置けない御用学問や御用学者への批判という感じの方が大きかったのではないでしょうか。近代科学そのものには、疑いを持ったわけではなかった、少なくとも私の場合はそうでした。

註

45　1927〜2008年。東京大学経済学部卒。当初は構造改革路線に共感的な立場にいたが、宮本路線に転じ、この経緯とバランス感覚のある人間性から「上田耕一郎神話」(上田は「隠れ改革派」である)とする待望論が生まれた。1973年の民主連合政府綱領も上田の指導のもとに起草されたと言われている。謙譲を美徳とする温和な文体ながら、基本的には今流から逸脱する議論をしたわけでなく、「神話」は今流の表現では「都市伝説」であったかも知れない。著作も多く、『先進国革命の理論』(大月書店、1973年)はよく読まれた。『国会議員』(平凡社新書、1999年)は上田の人間性のよく理解できる著作で、自民党や公明党の旧論敵を褒めちぎっている。

46　1891〜1973年。東京帝国大学理学部卒、東京大学理学部教授を務め、1953年に国立科学博物館長。『メスとオス 性の闘争と妥協』(光文社、1956年)などの啓蒙的著作でも知られる。

47　1898〜1988年。東北帝国大学理学部卒、東京大学総長を務め、東京大学名誉教授。強磁性結晶体の研究で知られるが、「小さな親切」運動の提唱者としても記憶されている。

48　De Beers。南アフリカ共和国のヨハネスブルクに本社を置くダイヤモンドの採掘、卸売り業者。なおウェブ

伽藍が赤かったとき ―1970年代を考える―

49　1930～2002年。東京大学法学部卒。日本航空の反会社側の労働組合の委員長。『沈まぬ太陽』の主人公のモデル。晩年は写真家、エッセイストとしても知られた。

50　1905～1992年。フランス文学者。京都帝国大学文学部卒。同志社大学を経て名古屋大学で教鞭を執る。名古屋大学名誉教授。『世界文化』の創刊者の一人でもあり反ファシズム運動にかかわり治安維持法で検挙されている。『新村猛著作集』全3巻（三一書房、1993年）。

51　1895～1991年。東京帝国大学法学部卒。内務官僚として出発し、愛知県の官選知事となる。1951年に公選知事に当選し、1975年に引退。『桑原幹根回顧録』（毎日新聞社、1979年）がある。

52　1910～2009年。教育学者。東京帝国大学卒。三重大学教授を経て名古屋大学教育学部教授。1973年から1985年まで三期にわたり名古屋市長を務める。回顧録『心かよう緑の町を―本山政雄回想録』（風媒社、1999年）がある。

53　1935年から1937年まで京都で発行された。ファシズム反対の文化運動のよりどころとなるも、執筆者があいついで検挙された廃刊となった。この『世界文化』に関する再検討をこのインタビューでも触れられている『現代と思想』誌は先鞭をつけ復刻版が刊

サイト（http://www.debeers.com/）を参照。

行されるきっかけを作る。『世界文化』についての関係者による回想として最も詳しいものは和田洋一『灰色のユーモア』（理論社、1958年）であり、和田の回想録を生成論的に詳しく研究した小島亮「灰色と紫色の自画像」（『同志社メディアコミュニケーション研究』3号、2006年）などもある。

54　ヴェトナム戦争と日本については岩間優希『文献目録ベトナム戦争と日本』（人間社、2006年）をはじめ岩間の多くの研究を参照。

55　現在の日本において公害は死語になりつつあるが、70年代まで日本は「公害先進国」と言われていた。これは環境政策の先進国という意味でなく、地球上で考えられる限り、あらゆる環境破壊がすべて日本にそろっていたから命名されたものである。公害研究を社会科学の立場から行った先駆者・宮本憲一（1930年～、大阪市立大学名誉教授）が『経済大国』（小学館、1983年）で強調するように、公害を抜きにして日本資本主義の構造を語られないくらい大きな問題であった。先駆的な『恐るべき公害』（庄司光と共著、岩波新書、1964年）以降の宮本の研究を今こそ読み返すべきである。なお当然ながら公害は「公」的にでなく「階層」的に被害をもたらし、地域の偏差は大きい。この偏差と都市社会学もしくは社会地理学は正面から取り組みつつあるが、宮本の業績をその先駆として捉え、継承する視点も登場している。橋本健二『階級都市―

格差が町を侵食する』（ちくま新書、2011年）を参照。

56 1934年〜。医学者。熊本大学医学部卒。水俣病に関して患者の立場に立って徹底的に病院を追求した。熊本学園大学社会福祉学部教授としても活躍した。『水俣病』（岩波新書、1972年）をはじめ著作も多い。

57 1927年〜。小説家。熊本県天草郡出身。『苦海浄土　わが水俣病』は水俣の鎮魂歌でもあり、詩集『はにかみの国』も上梓している。現在、『石牟礼道子全集不知火（全17巻・別巻1）、藤原書店、2004年〜』が刊行中。

58 1926年〜。東京大学理学部卒。ニュートリノの検出で知られ、2002年度ノーベル物理学賞を受賞。

59 1907〜1981年。京都帝国大学理学部卒、京都大学名誉教授。中間子の予想を科学的に行った。1948年に日本人初のノーベル物理学賞を受賞した。

60 1940年〜。名古屋大学理学部卒。名大時代にはこのインタビューにも登場する坂田昌一の研究室にいた。高エネルギー研究で2008年度ノーベル物理学賞受賞。

「田口・不破論争」と雑誌『現代と思想』

小島　ここで田口先生に70年代をめぐってお話をうかがいたいと思います。その上に立って、いろいろな角度から質問とか議論をさせていただきます。それと、公害問題という、70年代を考えるためのキーポイントですね。これも諏訪先生に説明いただいて認識を新たにいたしました。

諏訪先生のお話の中で革新自治体という問題、われわれが一番知りたかった中枢部分が登場しました。しかも、名古屋に関する、われわれのまったく知らないエピソードを知ることができて、本当にまたとない序説を頂戴したと感銘を受けております。

田口　私は小島さんにいただいておりました予備的なノートを見直しました。つまりこんなことで話をしろ、触れてみろというリクエストですね。例えば70年代のマルクス主義をどのように再検討

するかなどです。ここのところは、私は十分にまとめきれなかったです。これはぜひ竹川さんなんかにも、討論に参加していただいて考え直したいと思います。

それから、ヴェトナム戦争の与えた政治学的意義という点も、難問を含みますね。私はそういう観点でこのヴェトナム戦争の問題を考えていなかったんですね。つまり、ヴェトナム戦争は私にとって、もっと直接的な、どうしても反対しなければならない、何とかヴェトナムを勝たせないといけない、そういう戦いというふうに見て行動していました。このヴェトナム戦争の与えた政治学的意義なんていうことについては、私はずいぶんたくさんの本を書いているけれども、おそらくここにも出てこないのではないかな。

小島　田口先生、ここにいる岩間君はヴェトナム戦争と日本のジャーナリズムの関係を研究していまして、最近そうしたテーマで博士論文を立命館大学に提出しました。その質問は岩間君によるも

田口　そうですか。では、どうぞいろんな経緯を教えてください。

岩間　そうですね。ヴェトナム戦争に関しての政治学的論文は書いていらっしゃらないと思います。ただ、『週刊読書人』で定期的に書かれていた「論壇　今月の気流」という論壇時評では同時代における重要テーマの一つとしてヴェトナム戦争に着目していらっしゃいます。

田口　そうですか。

岩間　はい。例えば１９６５年９月６日の「新段階の日韓問題――ヴェトナムとあわせ好論文揃う」では、月刊誌『世界』に掲載されたバートランド・ラッセルの「アメリカとヴェトナム戦争」や『現代の眼』の「ベトナム戦線の韓国軍」「ベトナム戦争・その軍事的分析」ほか、『潮』、『日本』といった雑誌に掲載されたヴェトナム戦争関連の論文を紹介しておられます。田口先生はヴェトナム戦争がアメリカ側からの侵略戦争、そしてヴェ

岩間優希

トナム人民の側では民族解放闘争の性格を持っているという立場から、その背後に米・中の世界戦略の対決があると見ておられます。それから11月1日の同じコーナーでも、「同一の思想的課題——ベトナム・朝鮮・中国問題から学ぶもの」と題しましてヴェトナムを取り上げておられます。ここで当時の「日本を取り巻く国際情勢の理解に多くの示唆を与えるものとして」最も推薦されていた論考が、『日本』に掲載されたフォトジャーナリストの岡村昭彦[62]と軍事評論家の小山内宏[63]の対談「米中戦争への危機」です。この対談は米中直接対決の危機が現実的にある中で、日本はどのような道を選択するのかを論じたものでした。南ヴェトナムの戦場取材で名を挙げていた岡村と、軍事に精通した小山内の非常に鋭い観察と見通しが示されていたといえます。結果的に、米中戦争は起こらなかったわけですが、当時の国際関係はそれほどまでに緊迫した情勢でした。「日本がもし新安保条約にたよるなら、国土が戦場になってもいいという覚悟でもしなければだめです」と述べる小山内に対し、田口先生も「このいわば常識的な結論も、この対談全体の文脈の中では強い説得力を持って迫ってくる」と同意しておられますね。

田口　もうすぐ80歳になるものですから、だんだん昔のことは忘れていくんですよ。

岩間　でも、この『週刊読書人』に掲載されている昔の写真と全然お変わりないですよ（笑）。

田口　いやいや（笑）、昔の写真もひどいですが、そうですか。『週刊読書人』にはずいぶん書いているんでしょうね。

岩間　そうですね。今挙げた論評では岡村・小山内の対談に加えて読者に推薦する論文として、『現代の眼』の特集「現代アジアのナショナリズム」中にある、野原四郎⑥「現代アジアと日本人」と大江志乃夫⑥「明治維新と現代」を挙げておられます。前者は日中国交回復問題や日韓問題と密接な関連を持つヴェトナム問題を歴史的に見直すことが、日本人にとって何を意味するか、という問題を提起したものです。後者は、エドウィン・ライシャワー駐日米大使の日本「近代化」教科書論⑥が中国革命の世界史的意義を理論的に抹殺することを狙っていると指摘した上で、明治維新を生み出した力とその歴史的役割を検討したものです。

田口先生は、これらの論文がアプローチこそ違え、同一の思想的課題を扱っているとおっしゃっています。つまり、各論文はヴェトナム問題、朝鮮問題、中国問題等から日本人が何を学ぶかという課題を追及しているのであり、それらに共通の結論は、日本民族の真の独立の方向をいかに見定めるかということだったのです。そう考えると、ヴェトナム戦争は真の意味において日本人自身の問題であったにもかかわらず、そのような認識を持っていた日本人はどれほどいたのでしょうか。「連帯」は日本人がヴェトナム人の側に寄り添ったり感情移入したりすることでなされがちで、日本人の自立や独立という自らの立場に引き付けた考え方はあまりなかったように思います。ですから、田口先生の時評が領域の異なる諸論文から深く「日本民族の真の独立」という視点を大変興味深く読ませていただきました。

田口　そうですか。いや、どうも忘れていました（笑）。それで、質問に関してもうちょっといきますと、ユーロコミュニズムをどのように見るか、日本のコミュニズムとその相違点などをどう考えるべきか。これはずいぶん書いているはずです。

それから、市民社会論の再評価をどのように現時点で考えるべきか。70年代の意義と革新自治体の再検討については、諏訪先生が先ほどエピソード

フルに言ってくださった点に関わりますね。それから、「田口・不破論争」の回顧。理論的な整理もさることながら、政治史的な回顧をお願いしますということですが、どうも政治史的な回顧というのがなかなか難しいのですね。不破哲三さんと私との論争についての回顧というのは、皆さんのなかでお読みくださった方がいらっしゃるかもしれませんが、１９９５年の１０月３０日に、近代文芸社から『解放と自己実現の政治学』という本を出しているんです。このなかで、「田口・不破論争」のことについては、かなり詳しく触れております。その部分をまず読み返してみたいと思います。

ここで７０年代の最後の年から８０年代最初の年にかけて行われた田口・不破論争に触れておきます。この論争は私が７０年代の後半に探求した先進国革命論に関連し、そのあるべき社会主義像と、そして当然のことながらその社会主義

と不可分な前衛党組織のあり方について考慮をしたことに対し（『先進国革命と多元的社会主義』大月書店、１９７８年）、いまは共産党の委員長である不破書記局長が、『前衛』という雑誌（７９年１月号）に、「科学的社会主義か多元主義か─〈田口理論〉の批判的研究」という論文を発表したことにはじまります。これについて、私も『前衛』誌に反論を書きました（同誌７９年９月号）、これについて不破氏はさらに再批判を書いたわけです（前衛党の組織問題と田口理論」、『前衛』８０年３月号）。私はこれについては直接には再反論は書かずに、８２年の９月に出した『多元的社会主義の政治像』（青木書店）という本のなかで不破氏との論争を私のサイドから総括しました。ここで私は多数者革命という発達した資本主義社会における革命の条件に適合的な政党をつくるためには、その政治主体のあり方そのものを根本的に市民社会的なもの、民主的なものに転換させていかなければならない

と指摘したのです。

この論争から13年、4年たつわけですが、私が指摘した民主的な政治主体の問題は現代においてますます重要切実なものになってきていると思います。民主集中制という組織原則なるものを、上から下への官僚的コントロール、統制の道具にしていくというやり方は改めるべきだ、こうした運用を改めない限り、国民の圧倒的多数を獲得するということは不可能であろうという、そういう基本的な命題のところでは私の主張がまったく正しかったと考えております。このことはその後の国際共産主義運動の歴史が証明したところでもあります。

しかし、同時に、この論争について反省しなければならないところもあります。といいますのは、論争の技術的なやり方といいますか、この点では失敗したというように考えております。それはどういうことかといいますと、この論争が結局のところ、マルクス、エンゲルス、レーニン、特にレーニンの前衛党の組織原則についての解釈論が中心になってしまったということです。実は、私が提起した問題というのは、マルクス・レーニン主義、これは科学的社会主義といいかえられているようですが、その組織原則とされてきたものに対する解釈論の次元では解決できるような性格の問題ではまったくなかったのです。このことを十分自覚しなかったせいで、そうした教義体系を前提とした議論に導かれ、どちらがその正統な観点を保持しているか、どちらがその正統な観点から外れて異端であるかというような議論にコミットする結果となったわけですが、これは失敗だったと思います。

この問題については、レーニンがどの時点でどう言おうとも、現在の具体的な状況から要請されている組織の運営のあり方というものが、徹底的に民主的なものでなければならない、そ

全にともにしたのです。まさにこの時期に40号も出たんですね。私がこの雑誌ではかなり中心的な役割をどうもしていたようですね。このとき、青木書店の編集長をやっていた江口十四一氏には、どうも大変ご迷惑をかけたのではないかと思います。つまり、当時の大月書店とか青木書店というのはだいたい代々木系の出版社でしたから、編集長なんかには大変ご迷惑をかけたのではないかなと、そういう反省はしております。

この雑誌には私、本当に何回も登場していますね。十数回登場しているのかな。それで、これの終刊に当たってのご挨拶というのも、これはなかなかのものです。これは当時の編集長が書いた文章で、これにはかなりある種のペーソスが含まれていますね。

うでなければその政党の政治的有効性というもの、また現代的な意味での正統性というものが保証されないということを出発点にして議論をはじめるべきでした。この点、私の方に論争上の手続きミスといいますか、不十分なところがありました。不破氏の方にも、デュヴェルジェの『政党論』のなかの文章をわけの判らない訳文で引用したりしていて、私に反論されて手直ししたりするようなイージィ・ミスもありましたが、基本的には以上の二点が現在の私の論争評価です。

（田口富久治『解放と自己実現の政治学──マルクスと共に、マルクスを超えて』近代文芸社、1995年、224〜226頁）

先にもう一つのメディアとしての『現代と思想』の再評価という点についてから始めましょうか。この雑誌は1970年の10月に創刊し、終刊は1980年の7月ですから、70年代と運命を

本誌『現代と思想』は、季刊雑誌として一九七〇年十月に創刊し、この第四十号で満十年刊ごあいさつ──終刊にあたって

行してまいりました。

本誌の「刊行目的」は、「民主勢力の統一戦線を思想的基盤とし、現代日本の思想的課題を追究するとともに、人文・社会科学の分野で、今日の独占段階に対応した理論的究明を、広い範囲にわたって深めてゆくこと」にありました。

内外ともに激動する時代にあって、本誌がつつがなく刊行をつづけることができたのは、ひとえに読者ならびに執筆者のかたがたの惜しみない御協力とご支援の賜であると、深く感謝しております。その御支援にささえられて、本誌は、七〇年代をつうじ、わが国の理論戦線・思想戦線になにほどかの役割をはたしてきたものと考えています。

しかし、今日の出版界は大きな変動の時期を迎え、新しい趣向を求める読者の一般的傾向も生まれています。こうした状況にかんがみ、本誌は創刊十年のこの第四十号をもって終刊し、変化しつづける客観的条件に適応する方法を求めることにいたしました。私たちは、『現代と思想』がになった役割はそのまま小社の出版活動に共通することを、ここに改めて再確認し、今後さらに努力をかさねてゆきたいと考えています。みなさまのいっそうの御支援をお願いする次第です。

一九八〇年七月一日

株式会社　青木書店

（『現代と思想』第40号、231頁）

小島　あまり厳密に理論的な話というよりも、先生の個人的な思い出あたりから、少し口火を切っていただければと思います。『現代と思想』についてと「田口・不破論争」は極めて結びつきの深いテーマですので、両者は一緒にしてお話をお願いしたく思います。さらに、ここにいる面々の専門に応じて質問をさせていただきたいと考えます。

田口　私と不破さんとの論争ということで言いま

小島亮

すと、不破さんはもちろん日本共産党の主流派を代表していろいろ発言されているわけです。不破さんの上には、宮本顕治という大ボスがいたわけですから、私などの議論が非常に彼らの運動にとっては危険な要素をはらんでいた、そういうことだったんでしょうね。これはもちろんレーニンがつくったいわゆる前衛政党の組織原則でしょう。その原則の下で、一つの全政党の政治的、思想的な一体感を図って、変革への道が開かれてくるという、そういう基本的な前提であったと思います。

私が不破さんとの論争を通じて感じたことは、一つは、ツァーリズムの弾圧による一切の自由のない政治的状況の下でレーニンがつくった共産党の民主集中制の組織原則みたいなものと、日本国憲法が想定している、左翼政党も含めた政治体制の民主集中制を構成する諸政党の組織的在り方みたいなものには、相当大きな違いがあるということでした。私は両者は逆の関係にあると考えていたので、こういうことはあり得ないことでしたけれど、日本共産党のほうが戦後日本の憲法が想定している政治体制の中で自分たちの組織、あるいは大衆的な組織観の方向をそれに適合的に考えていかなければならない。組織論ではそういうところに重点を置くべきであろうというふうに考えていました。

竹川　「田口・不破論争」について論争史を少し整理してみます。まずは1977年、論文「先進国革命と前衛党組織論──『民主集中制』の組織原則を中心に」が雑誌『現代と思想』（第29号）に

掲載されます。この論文に対して、同年の11月、共産党中央は関原利一郎というペンネーム（榊利夫、上田耕一郎ら四人共同執筆）で『赤旗 評論特集版』に「前衛党の組織原則の生命――田口富久治氏の『民主集中制論』の問題点」という批判論文を掲載しました。翌年に、田口先生は『先進国革命と多元的社会主義』（大月書店、1978年）としてそれまでの主要論文を一冊にまとめられます。さらに翌年の1979年、不破哲三が『前衛』（第433号）に「科学的社会主義か『多元主義』か――田口理論の批判的研究」と題する論文を発表します。同年9月、田口先生は同誌において「多元的社会主義と前衛党組織論――不破氏の批判に答える」と題する不破批判の論文を発表して反論されています。そして1980年、不破はふたたび『前衛』（第448号）に「前衛党の組織問題と田口理論」という論文を発表し再反論を行ったという流れになります。

僕もすべてをきちんと読んでいるわけではないので、たいしたことは言えないのですが、論争に関わる論文を読んだときに、異端審問のような印象を受けました。田口先生ご自身もおっしゃっていましたけれども、何が正統で何が異端かというような、原典の解釈論議に、最後は不破さんのほうが持っていったような印象がすごくあります。日本の現状を見たときに、今どうするべきかというよりも、どれが正しいマルクス像かとか、どれが正しいレーニン像かとか、ある種の「絶対真理」を大前提にした解釈だけの論争になってしまったことです。これは田口先生にとってもすごく残念だったのではないかと率直に思いました。問題がどう展開していてどのように創造せねばならないかではなく、問題にすることそのものを正邪で判断する時代錯誤です。もし論争がもう少しきちんとしたかたちで日本の政治のなかに反映されていて、たとえば社会党と共産党が何らかのかたちで組み合わせることができていたとしたら、いま

小島　田口先生、私は疑問に思うことがあるんです。宮本顕治自身が「ユーロ・ジャパニーズ・コミュニズム」なる言葉を振り回していた時期がありましたね。

田口　論争に関連する私の基本的考えですが、1978年の『先進国革命と多元的社会主義』（大月書店、1978年）というのは、この時点での私の考え方がかなり明瞭に出ていますね。特に、ユーロコミュニズムとの関連なんかも、かなりこれでは触れております。

それから、もう一冊はこれの続きなのですが、『多元的社会主義の政治像──多元主義と民主集中制の研究』（青木書店、1982年）という本もあります。当時のヨーロッパのユーロコミュニズムの動きを私なりにまとめております。この『多元的社会主義の政治像』では、当時の西欧の共産党が組織原則についてどういう考え方を持っているかとかの理論問題もある程度触れています。現存する社会主義と官僚政府の問題もここに入っていますけれど、この二冊が、一番まとまっていると思います。

田口　そういったことがありましたね。両方ともそうでしょうね。

小島　いま先生がお示しくださった本というのは、一冊は大月書店、一冊は青木書店で、これは先生が先ほどもご発言になったように、言わずと知れた共産党系の出版社でしたよね。

田口　そうです。

小島　ほぼ同時期の1977年、藤井一行さん、高岡健次郎さんと中野徹三さんの『スターリン問題研究序説』（大月書店、1977年）という本が出て、これも大月書店が版元だったんですね。この三人の執筆者は、だいたい1930年代に生まれで当時40歳代の後半、すなわち田口先生と完全に同時代人で、田口先生を含めて「新しい潮流」の中心人物とみなされていたのでした。

さらにイタリア共産党のジュゼッペ・ボッファ

の渾身の大作『ソ連邦史』（坂井信義・大久保昭男訳、全4巻、大月書店、1979～1980年）の翻訳も忘れてはいけません。このとてつもない力篇は、ソ連史を内在的に捉えたE・H・カー[69]と異なり、ある意味ではロシア革命への墓碑銘を刻する衝撃作なのでした。

日本共産党の御用出版社と言ったら悪いですけれど、体制出版社が、明らかにレーニン型の党原則、あるいは旧来のレーニン－スターリン型の共産党の組織原則みたいなものを、いわばこき下ろすような書物を次々と出しているわけです。これはきっと民主集中制論みたいなものを、共産党は思い切って放棄をして、手を切るための伏線であったと見られませんでしょうか。伏線と言って語弊があれば、ひとつの観測船を航行させるつもりで「承認せずとも否定せず」黙認を決め込んでいたのではないでしょうか。様子を日和見して、場合によっては、先生がご提唱になったような、多元的社会主義のような組織原則を日本の当時の市民社会の現実に合致するようなかたちで採用しよう、と考えていたとも推測できます。中国共産党の百家争鳴政策と同じよう戦術がここでとられていて、あまりにも激烈な党組織論批判の高まりとそれに反比例する党勢の後退にあわてて、共産党指導部の宮本などは一種の反右派闘争に路線転換したような結果になったと考えられません か。さらにこの時期に宮本にとって頭を痛めたのは袴田里見の事件[71]ではなかったかと思います。77年、袴田は宮本の党建設路線を批判し、その批判点そのものは毎度おなじみのものだったのですが、時期柄、「党内部の問題を党外に公表する」典型例を示すことになり、これは宮本などにとって悪夢以外のなにものでもなかったと想像します。翌年「昨日の同志、宮本顕治へ」（『週刊新潮』1978年1月12日号）でしたでしょうか。私も急いで買った記憶があります。袴田の書いている事実そのものは「またか」と言うな、多元的社会主義のような組織原則を日本の当腐な感を受けました。何しろ立花隆氏の大傑作

『日本共産党の研究』（上下、講談社、1978年）がすでに出ていましたので、暴露的なインパクトは後の野坂参三(72)のときに比べて小さかったのではないかと思います。ただし民主集中制を緩めると宮本の権力的支配は一夜にして崩壊しかねない可能性をこのときに思い知ったのではないでしょうか。その証拠は、宮本らは理性を喪失し、昨日までの副委員長を批難する際に「袴田毒素」なる暴言を吐いて世間を呆れさせたことからわかります。「毒素」とは言いも言ったり。宮本はポルポトに相貌がちょっと似ていますが、私などは心の奥底もそっくりだろうと確信しました。

話を戻しますと、おそらく党員も含めて、多くの人が民主集中制放棄の期待を抱いたにちがいないと思うんです。だってプロレタリアートの独裁なる概念をあっさり「執権」に変えて放棄したと思いきや、1976年の13回大会では「労働者階級の権力」でしたか、これまた「執権」も放棄したくらいですので、民主集中制の放棄もあり得ると

考えてもおかしくなかったと思います。そう言えば、この大会で「マルクス・レーニン主義」を「科学的社会主義」と言い換える決定もなされたはずです。この時期に大学生だった私はたくさんの冗談を思い出します。何か失敗したら「概念を放棄する」と言えばそれでいい、例えば借金も催促されたら「借金概念を放棄すれば」帳消しになるとか。日本史専攻の仲間は「執権」の次は「摂政」か「関白」になるのではないか、もしかすれば民主連合政府の首都は鎌倉かも知れないぜと大笑いをしたものです。共産党は「70年代の遅くない時期に」民主連合政府を作るとしていたスローガンも大評判でした。なかなか卒業できない先輩も「70年代の遅くない時期に」卒業を目指すと公言していましたし、全然もてない男子学生も「70年代の遅くない時期に」ガールフレンドを見つけたいね、と言ったものです。

だいたい、共産党にみんなが票を入れたのは、諏訪先生のご発言を踏まえれば、何も前衛党とし

ての共産党を支持したのではなくて、新しい市民社会の現実に目を向けて、「いのちとくらしを守る」というスローガンを実現してくれそうだからでした。自民党政権が一切見捨ててしまったような弱い人間の立場を守ると多くの人は期待したのです。前衛党による革命などほとんどの人はごめんだと感じてはいなかったでしょうか。新しいタイプの共産党を、みんなが期待して支持をしていました。それに応えるかたちで、共産党も党原則みたいなものを思い切って修正しつつあるなといううう、期待感あふれる蜜月と言いましょうか、自由の空気が一瞬流れ込んで来たような感覚というのが、1970年代の中後期にあったと思います。

今思い出すのですが、この時期、さっき竹川君の整理にも出てきた『赤旗 評論特集版』でしたか、週刊のタブレット版のものが出ていたと記憶しています。私は『赤旗』という新聞は表現の「です・ます」調がアレルギーを起こすくらい嫌いでしたし、本当につまらない内容なので真面目に読

んだことはなかったのですが、「評論特集版」にはとてつもなく面白い記事が載っていました。興味津々だったのは、共産党の活動を「市民的常識を踏まえてやりなさい」とか書いてあったことです。ある記事ではどこかの学生支部では30分に一回の無駄な「結集」をする一方、学生党員は学業落伍者揃いだとか批判していました。これはすごいや、きっと「市民的常識を踏まえない」党活動がこの政党の常態なんだな、とか考えたものです。また共産党の活動家学生が学業的にドロップアウト揃いであったことは、私の大学でも自明すぎる話でした。戦後の一時期、学生運動家は「カッコいい」連中でしたが、私の時代のとりわけ私の出身大学では「学生」とは名ばかりの程度の低い職業的党員か、好意的に言って80年代に島田雅彦が『優しいサヨクのための嬉遊曲』(福武書店、1983年)で描いた「変化屋」(革命家のせこいやつ)でしたね。ただそうした自己批判を率直にできるのはこの党にも希望があるな、と感じも

しました。

私なんかは皮肉な傍観者に過ぎなかったんですけれども、田口先生の多元的社会主義論を引き延ばせばレーニン的な党原則から逸脱していくなんていうことは、当たり前の話であったと思いました。不破は自明のような議論をやってまで、田口先生の議論を排除しないといけなかったのかというのが、不思議で仕方なかったです。

先ほどもちょっと申し上げましたけれど、創価学会と共産党みたいな、水と油みたいなものが、舞台裏で何かの協定を結んでもおかしくないくらい、国民は思いきった政治的変革に期待をしたんですね。とにかく自民党でなければいいと。ちょうど民主党が政権を取ったときと同じようなユーフォリアが立ち現われたのです。

田口先生、どうでしょうか。これはもう単純に、当事者としては謎ではないかもしれないけれど。

田口　何だろうな。つまり、宮本顕治氏は結局最後は不破君に追い出される格好になったわけです。

だからやっぱり彼らの持っている、つまりレーニン主義的な組織原則というのが、どう言ったらいいのかな、党内問題なんか、政治の問題全体を考える場合の基本だよ。それはもう動かしがたいものだという前提があったんじゃないですか。

だから、僕がいろいろなことを、つまり、周辺的なことを何か言っている場合には、それはそれほど問題にしないけれども、組織原則という一点にかかわると我慢できなくなる。それで、やっぱりということだったのではないでしょうか。組織フェティシズムとも言うべきなのでしょうか。

小島　でも、ユーロコミュニズム自体は、レーニン的な党原則というものを結果的に言ったら修正するような提案だったはずです。

田口　もちろんそうです。

小島　あれだけ共産党系の研究者も含めて、ユーロコミュニズム紹介ブームが起こったにもかかわらず、泰山鳴動してネズミ一匹も残らず、結果的には自滅する構造をつくったわけです。日本共産

党は、まさに「田口・不破論争」をきっかけとして、知識人の支持を失っていって、果ては丸山眞男先生を批判する。江口朴郎先生とか、いわゆる同伴文化人と言われていた人が次々に脱党していきます。60年代には文学者や社会科学者を除名して宮本独裁体制が「お山の大将」よろしく成立し、70年代には有意の青年たちが去って「人民的議会主義」なるものを作りました。戦後の共産党は往年の早稲田大学もかくやの「一流は中退する」状況ではあったのでしたが、最後の最後まで残っていた「希望の灯」は「田口・不破論争」の収束する時点で消されたのです。これ以降の共産党には知的雰囲気のカケラもなくなりました。結果的に言ったら、共産党は小さな政党から「大きめのNGO」程度の存在に成り果てて、いまや消滅寸前という歴史をたどるわけです。田口先生を前にして、おこがましい意見なんですけれども、的な思考をきちんとするならば、ああいう選択を共産党はとらなかったはずです。むしろイタリア共産党みたいに、思い切って党原則自体を放棄して党名も変えてしまう。こっちのほうがサバイバルのために、理性的な政治的行動ではなかったかという、単純なことを思ってしまうんですね。だって少数になりすぎたら政治的影響力も喪失し、時代錯誤者クラブに変形してしまうわけですから。

田口　政治的にはそうだろうね。不破君はかつて代々木にあったマルクス・レーニン主義研究所、あれを神奈川の自宅付近にもっていっていますよね。彼の神奈川の土地、建物というのは大変なものですけれども、そこに共産党の付属の機関だった研究所をもっていって、そこにまた数名の研究員を抱えている。彼はまだ公式にも党の幹部会員でありますけれどね。幹部会員であるけれども、委員長ではないし、書記長でもないわけでしょう。それが、党の研究所といろいろな人員をあそこにもっていくというのは、いったいどういうことなんだという疑問を持っています。＊あの人はよく分からんね。あえて言えば定年を迎えた日本最大

第1部　人民戦線・「田口・不破論争」・名古屋知識人

＊この辺の情報は先に竹川さんの話に出た宮地健一さんのウェブサイトを参照。…田口後注

小島　歴史を勉強している立場から見て、70年代から80年代にかけての共産党には、謎の行動がいっぱい出てくるんですね。一時期、先生もご記憶だと思いますけれど、宮本顕治がレーニンの『唯物論と経験批判論』を必読文献だといって、盛んに党員に読め読めと言った時期がありますけれど、レーニンの書いたもののなかで最悪の文献があれですよ。

田口　そうだ。もちろんそうですよ。

小島　でも、あの時期にどうして『唯物論と経験批判論』を勧める必要があったのでしょうか。確かに哲学のプロパーな領域ではマッハはしばらくのちには再注目が本格的に始まりますが、70年代では、廣松渉氏の翻訳が出た程度で大きな影響もありませんでした。レーニンの『国家と革命』

の労働貴族と言うことかな。

を読みなさい、それで、民主主義論を階級的原則にしたがって考えなさいというのなら、まだ話は分かるんですけれど、どうしてあんな悪口ばかり書いているような本を、党員の必読文献だとわざわざ言ったのか。これもさっぱり意味が分かりません。

繰り返しますが、共産党の党勢が伸びて、民主連合政府は幻想に終わったにしても、とにかく国政を動かすぐらいの大きな勢力になったのは、まったく旧来とは違った共産党が生まれつつあるという国民の期待を背負ったからなんですね。なのに、何というか、昔と同じですと自分で人気店の看板を外さないでもいいのに、と思ってしまいます。どうして幻想を断ち切って、自ら憤死を選んだのか、全然分かりません。別な選択を共産党はするべきだったということしか見えてこないんです。

田口　いまあなたが出された問題で、僕は民主主義は何か特別な情報は持っていないな。ただ、民主主義的中

央集権制がいったいどういう政治的な意味を持っているかということを、宮本氏も不破君も全然分からなかったんじゃないかな。つまり、スターリン体制の下でのさまざまな、大量の党員の粛正なんていう問題だけではなくて、人民への抑圧とかというものも、そこの問題と絡んでいくということが、最後まで分からなかったんじゃないかなというものも。

小島 そうですね。70年代に入ってからの、いわゆる新日和見主義批判と称する粛正と寸分も違わないですね。この土壌から1985年の宮本の引退を東大大学院の共産党員が勧告した伊里一智事件(78)も出てくるのですね。

私ばかりが言っていますので、影浦君に少し議論を回します。彼女は日本マルクス主義史をはじめ高橋亀吉(79)の思想史の勉強をやっている学究です。

影浦 私は、かつて地元では恐持ての「左翼大学」として知られた立命館大学日本史学科の出身でして、恐れながら小島先生の後輩にあたる者です。歴史学の内部では、今や「社会史研究」が主流派の時代に、私は当時立命館に出講されていた小島先生の授業を通じて、日本マルクス主義の思想に「心躍った」非常に稀有な学生だったわけでありまして、昭和世代には重宝されるが、同世代からは疎外される存在なわけです。しかし、これは私が現在、日本で最初の経済評論家と名乗った高橋亀吉の理論的検討を中心に、同時代の経済思想を概観する研究を続けているひとつのモチーフでもあるのですが、80年代生まれの私が、あのとき日本マルクス主義の思想に、理論的・時代的意義などまったくパスして、心から共感してしまったというのは、どうも「私個人の思い出」では収まらないような気がするのです。

というのは、山田盛太郎(80)の「軍事的半農奴制的日本資本主義」というフレーズが、どこまで今の学生に届くかは疑問ですが、例えばソ連の国旗を見せて、「この鎌と鋤が交差したマークは、農民と労働者をシンボル化したものだ」と言うと、みんな「わぁ」と一斉に興味を示すんですね。つま

影浦順子

り何が言いたいかというと、私が改めて強調することでもないですが、マルクス主義の思想は、決して現代の若者世代にとっても「レトロな過去」とは言い難く、もしかすると、近年の『蟹工船』ブームに見られるように、現実の経済不況に苦しむ労働者階級の「生活実感」を最も代弁している思想としてリバイバルしているのかもしれません。また商業映画のなかにも、60年代後半の学生運動を背景にしたものが、最近いくつか出てきているように、あの時代のラディカルで厭世的な若者の姿に共鳴するような動きが高まっているようにも思えます。

少し前置きが長くなりましたが、戦後日本共産党の歩みに対する私の疑問も、小島先生が同時代に感じていた問題とまったく同じものです。すなわち、ある意味では、後発国であるがゆえに先進国以上に「階級」や「搾取」などの概念を、身体で感じ取っていた日本の広範な労働大衆を、戦後日本共産党はなぜ正しく導くことができなかったのか。

研究史的な整理をすると、日本共産党の教条論的な体質を変革しようとする最も大きな運動は、1970年代の田口先生の業績にあると考えますが、それ以前にも日本共産党の理論的支柱であった「講座派マルクス主義」の枠組みを批判する動きはありました。そのなかで私が注目するのは、これは私の卒業論文のテーマでもあったのですが、1950年代後半にマルクス主義内部で起きた「自立・従属論争」です。これは不破哲三の実兄でもある日本共産党の理論家・上田耕一郎と、

マルクス経済学者・小野義彦[81]とのあいだで行われた論争で、50年代後半の日本資本主義をアメリカ帝国主義に対して、「自立」関係にあるか、「従属」関係にあるかを、マルクス主義の理論に基づき議論するものでした。日本マルクス主義の正統派とされた後者の立場を代表したのが上田で、戦前講座派マルクス主義の「二段階革命論」を戦後に引き継いで、アメリカ帝国主義と独占日本資本主義を二つの敵にして戦っていこうという議論を提起しました。戦前の半封建ウクラードの残存論は、戦後ではさすがに農地改革以降の現実とは乖離しますので、上田は、アメリカ帝国主義への従属を強調することによって「完全に自足した帝国主義ではない」という点を弁明したわけです。これは、ある種、講座派の理論を引き継いだかたちで議論していたと思うんです。

そこに小野が現れて、日本は経済的には50年代後半から自立しているんじゃないかと言い始めた。小野は理論的には講座派の内部から、政治的には

共産党正統派から出てきたというところに非常に面白い点があって、でもそれは結局政治的に弾圧されていくようなかたちになります。ただ私見では、実証データを用いて日本の経済的自立性を主張する小野の議論は「従属帝国主義論」を批判するのには有効でした。しかし結局その後の小野が日本の経済発展を、あくまでレーニンの『帝国主義論』を基礎に「帝国主義的復活」の過程にあると言ったように、小野の力点は、レーニン主義的な後進国革命は、日本に当てはまらないことを証明することにあったと思うんです。つまり、この論争の段階において、日本資本主義の現状問題は、自立か従属かの二分法にとどまり、したがって当時の日本マルクス主義の範囲内には、ウォーラーステインの世界システム論につながるような「重層的な経済体制の視点」[82]はもちあわせていなかったことが分かります。言うまでもなく宇野理論は[83]別にしておけばの話です。

考えれば、50年代後半から60年代はじめの「自

64

立・従属論争」が一つの転換点であったとしたら、「田口・不破論争」というのは、第二の転換点とも言えます。しかし、それは高度成長という「視覚的」にも明らかになった日本の経済的発展の問題について説明しなくてはならない、というもっと大きな時代背景を抱えていたのではないかと考えます。

ここから逆に問題を立てるようですけれども、まず第一点として、田口先生は、この「自立・従属論争」をどう見ていたのかということをお聞きしたいです。

二点目は、田口先生が「社会主義へのナショナルな道」として提起された「先進国革命路線」「ユーロコミュニズム」の日本への適応の可能性についてです。田口先生の『先進国革命と多元的社会主義』のひとつの主題は、70年代の日本の重要課題であった高度成長以後の社会的不均衡、二重経済問題に関して、これらを打開するための方途を、マルクス主義の理論的再検討から模索され

ることにあったと考えます。

そのための具体案のひとつとして、先生は本書の「先進国革命とその国家体制」のなかで、先ほどから話に挙がっている革新自治体と住民運動の重要性を喚起されています。これは今もってNGOとかNPOなどの個別的な「下からの運動」とマクロな社会的変革をどう関連させるのか、という視点からも考え続けていい問題だと思います。

70年代初期の日本国民の社会状況に引き付けて話をすると、当時の日本国民は、旧来の自民党政権の路線とは異なる政治組織に社会矛盾の解決を訴えたわけで、ある意味で「列島改造論」を掲げて登場した自民党の異端児・田中角栄はその典型だったとも思えます。しかし、結局のところ、「上からの革命」を通じて日本の二重構造問題に取り組もうとする視座は、田中の政治的失脚とともに曖昧模糊となり、80年代の中曽根内閣の「戦後政治の総決算」ビジョンのなかで立ち消えてしまったと言えます。今から見ると旧態依然の官僚組織の改革と、社会

田口　それは『先進国革命と多元的民主主義』の「五」の経済対策の在り方のところですね。これは『世界』に書いたものなんですね。ここで僕はどれだけ具体的な将来の日本経済のイメージを持ち得ていたかはともかくとして、ここで書いているかぎりのことで言うと、先進国革命における将来的インフラの整備に大量の資金が絡むのは至極当然のこととも言え、国家権力をバックに社会改良を行うという政治的選択と、田中の個人史は分けて議論する必要があるかと思います。
　どちらにしてもこうした歴史文脈に照らしてみると、個別的な、あるいは地域的な「下からの運動」は自主的にできてもきわめて大きな意義を有するかもしれません。ただそれはマクロな日本資本主義の改革なり全体の利益なりとどのように関連性をもつものなのでしょうか。こうした観点から、田口先生は、革新自治体の可能性について、また地域と全体の問題について、どういうイメージを持たれていたのかということをお聞きしたいと考えます。
　の政治体制の構想というのは、経済体制の面においても、それに応じた構想を要求していると考えました。その構想というのは、結局、経済的民主主義の徹底と、官僚的集権主義の排除。それから、社会管理の面でも分権的管理と、下から上への積み上げ方式による国民経済の民主的な統一。国民的統一の原理の貫徹というふうに書いていますね。正直言って、紙の上ではそう書いたけれど、この時点で私はこれについてどれだけの具体的な内容、この構想をバックアップする制度的な枠組みを自分でこの当時考えていたかということは、やや疑問に思います。そういう方向で日本経済というものの構造的な改革を考えなくてはならないということだけは意識していた。ただ、あまり具体論にはなっていないですね。この議論だけではね。あまりちゃんとした答えにならなくて申し訳ないけれども。

影浦　70年代においては、革新自治体に期待みたいなものが寄せられたというわけですね。しかし

これは現在の観点からみると、高度成長を政策的に誘導した開発独裁的経済制度へのピリオドの要求で、先進国革命というレヴェルとは異なって見えないでもありませんね。

田口　それは、まあそうですね。マルクス主義は労働価値説を提唱しますので、その立場からする経済的民主主義の要求は、当然、制度論にもつながるわけです。今からみると、不当な賃金格差の解消とか極端な経営的管理の分権化など、革命そのものではないにせよ、革命的理念と深い関連は有しています。しかもソ連型の革命では集権的な経済制度や統制的な管理を提唱していましたので、この部分は、まったくロシア革命などの方途とは全く違った観点ではあったでしょうか。ちなみに労働価値説という問題について、いったいいまの経済学はどう考えているのでしょうか。マルクスの立場に近い立場の人たちがどう考えているか。その辺のことは大変問題になっていませんか。最近の外国の研究ではどういう研究かな、労働価

小島　外国の研究者のみならず、マルクス主義的な労働価値論批判というのは、むしろ常識化してしまって、擁護というのはむしろ全然聞こえてきません。少なくとも20世紀になって、労働価値論自体、旧来の実体的価値論の系譜を引きずった論脈においては、ウィーン学派の限界効用価値説によって駁撃され、いまは経済学としては存在そのものを見つけられないのではないですか。森嶋通夫先生に至っては、『マルクスの経済学』（高須賀義博訳、東洋経済新報社、1974年）の中で限界効用価値学説の先駆者としてマルクスを再解釈しようとすらされています。

田口　労働価値説とか、価値論というのは、もう経済学の分野ではほとんど問題にされなくなっていると言っていいんですか。

影浦　さっきのお話があったウィーン学派の系譜からすると、実態としての労働というのは議論しづらいというか、批判されている流れの方が理解しやすいと思います。労働を仮に単位時間に分割して、その価値を実体的に把握するといくらになり、それは商品の最終価格と比較するといくら搾取されているのかというタイプの議論は、現代の評価では経済学的価値はないに等しいと思います。ただし、こうした議論はマルクスの労働価値論であったかどうかは別ですが。

田口　僕はウィーン学派をあまり勉強していないんだな。

小島　だいたい価値というのは、人と人との関係性のなかにあって相対的な意味を持っているかぎら、マルクスの労働価値論自体は根本的におかしいと、一蹴されている気配があるようないたします。蒸しかえしますが、マルクスがそう言っているかどうかは別問題で、「奪われた労働価値を取り返す」式の賃上げ＝革命的要求論なら克服済

みであるというにすぎません。『資本論』を読みますと、個別の労働でなく社会的に平均的な労働についての言及がしばしばあります。非熟練労働や不具合労働のようなものは労働時間が長くともそれに見合った価値を持たない、とマルクスは書いています。じゃあ「社会的平均労働」とは何かと考えると途端に労働市場での価値形成のメカニズムに直面し、労働価値の実体化は怪しくなります。また近代的労働過程は分業と協業から形成されていますから、結局、「奪われた価値」に分割できないわけで、労働を「個々のミクロな単位」を取り戻すためには社会のメカニズムを変革しないといけないというメッセージしか出てこず、極端な低賃金は是正されることを前提にしても、賃上げをいくらしても資本主義的生産を克服したとは言えないことになります。一方で個別の単位労働時間当たりの実体的価値など存在しないとなれば、少なくとも古典的理解の労働価値説はアトミズムの悪しき例証となるのでしょうか。あるいは

次のような逆さまな議論も可能です。労働価値のユニットを仮説として算出できるとします。これも為替相場や先物相場などの証券化部分をどのように調整するかの大問題をクリアできないかもれないので本物の架空の話になるでしょうが、ともかく算出を仮定します。としても、真の無意味さは、それはいかなる価値指標にもならず、せいぜい平均労働時間の粗データ程度の役割以上の意義を有しないのです。これはヘッジファンドのパソコンにプログラムされている何元かの連立方程式を「ないよりマシ」な近似値にするとよく分かります。実際に証券市場で「割安」「割高」判断をされる場合、労働価値説とは言いませんが、それに近い事業判断をファンダメンタルズ分析理論は行います。ロングターム・キャピタルマネージメント[87]の事態に見るようにファンダメンタルズ分析による評価を「価値」に等価させ、マーケットでの「価格」との差異を商機にしてアービトラージ[88]を超短期で繰り返して破綻した前例もあります。

理論的にはどこにも問題はないのに、現実的に破綻しました。マルクスはすべての資本主義的存在を商品、すなわち一種の「証券」、あるいは相対関係にある「ことがら」と見たわけで、労働力を商品概念で把握した時点で、すでに実体論的な労働価値説から訣別してしまったと言えます。森嶋通夫先生の議論は決して奇抜でも意外でもないのです。

私も最近はほとんどマルクス主義経済学を読んでいませんので、その内部からどんな論理的展開がされているかというのはまったく知りません。少なくとも価値論だけを取り出した場合、労働価値論というのは滅多に聞けないくらいの化石になっているような気がいたします。

個人的な偏見かもしれませんけれども、労働価値論を継承するという系譜からマルクス主義を読み直そうという動きは、小林多喜二を読んで、自分がつくりだした富が奪われているから、取り戻せ風の現状批判のスローガンにはなっても、学問論

としては皆無と言っていいような気がするんですね。

影浦 実際に小林多喜二ブームに便乗した『資本論』入門のテキストはそのような解説をしていますね。『資本論』の超訳で、一財産を成すというのは道徳的にいかがなものかとも思いますが。考えてみれば、論理的におかしな構造を労働価値説は抱え込んでいて、これをどう克服するかは大問題です。まず労働価値説はすべての価値の源泉を労働行為に置くわけです。投機や投資、さらにギャンブルも含めて「カネを生み出す」行為は人間の労働の一種にほかなりませんので、人間の価値創造行為＝労働だという話は論理矛盾、つまりトートロジーなのです。一方でマルクスは社会的に意味のない非熟練労働などは社会的平均労働によって逆に価値を決定される、長時間働いたからと言って下手くそな労働行為なら単位労働時間当たりの価値は低くて当たり前だ、と書いています。『資本論』の大工場論でマルクスがマニュファクチュアと機械制工業との相違点をどうしてあんなに周到に書かないといけなかったかを今改めて考え直すべきですね。どうも労働価値論批判

では肉体労働だけが労働で頭脳労働、たとえば経営とか管理とか投資などを労働範疇から除外すれば、だいたい資本主義的な商品の存在形態そのものを否定しないといけませんので、論理的に成り立ちません。

マルクスはすべての出発を商品に置き「資本主義においてはものは商品として現れる」と『資本論』を書き始めた時点で、すでに実体的労働価値論と訣別しているのです。「商品」の歴史性、つまり生産された「もの」は商品とは限らないとはカール・ポランニー以降の経済人類学の最大の貢献です。商品はすべての「もの」のなかで当初からマーケットによる相対的な価値形成をするとすれば、小島先生が言ったように個別労働に分割できないマクロな社会的労働過程を作り上げたのです。

つまり投資行為＝頭脳労働の失敗で、価格の暴落した金融商品も同じロジックで議論できるはずですね。

でなく、その俗流化批判とマルクス復権のようなニュアンスになってしまいました。

小島 なるほどね。ただし労働価値論の全労働収益権論的誤解が近年の通俗的『資本論』解説本に至るまで貫徹されている事実ははっきりさせないといけないよね。労働価値論をこのように限定的に把握する限り、私の個人的な考えなんですけれど、労働価値論がマルクス主義を読み直す、一つのプラスの手掛かりになるような気があまりしません。労働価値論の通俗化に貢献したアトミズムは、17世紀近代科学革命時の古い科学概念であって、労働時間単位の価値の実体などあり得ないという認識こそ先決かな、と思います。

諏訪先生を前にしてあまり科学のことを言うのは恥ずかしいんですけれども、デカルトとか、17世紀のいわゆる近代科学的な、原子論的な枠組みから組み立てられた近代科学の枠組みを前提にして、科学的社会主義とかいう言葉が出てくるわけですね。ここからマルクス主義の科学認識は哲学的に

も乗り越えないといけないと言われます。ちょっと前には、マルクスを実体論批判の文脈で読み直す仕事が次々に出てきたのですが、今はどうごうという意見も、あまり聞こえないですね。

田口 労働価値説についての批判というのは、マルクス系統のイタリアのネグリだったかな。いくつか本を読んだはずなんだけれど。かなり出ているんじゃないですか。

小島 はい。そうですね。

田口 そうか。あなたがおっしゃりたいのは、要するに労働価値説の批判なんていうのは、あまりにも経済学的には一般的になりすぎていて、もうそれに対して問題にされなくなっているという、そういうことですか。

小島 と思います。はい。

田口 うーん。

註

61 日本現代ジャーナリズム史上、『現代の眼』くらい不思議な雑誌はなかった。発行していたのは右翼総会屋の木島力也で、しかもこの雑誌は多様な異端的左翼の登竜門となった貴重な存在であった。日本共産党と袂を分かって以降の井上清、羽仁五郎、さらに松本健一、太田龍、竹中労など多士済々の論客がこの雑誌を飾っていた。『現代の眼』のない70年代ジャーナリズムの光景は絶対にあり得ない。この雑誌は60年代のラディカリズムよりも70年代の異端に場所を与え世に送り出したのであった。なお車谷長吉の小説『贋世捨人』(文春文庫、2007年)に木島をモデルにした人物が登場する。

62 1929～1985年。写真家。1962年からPANA通信特派員としてタイ、ラオス、カンボジア、ヴェトナム戦争を取材。『南ヴェトナム戦争従軍記』(岩波新書、1965年)はベストセラーになる。アキヒコの会ウェブサイト (http://akihiko.kazekusa.jp/) を参照。この中に詳細な年譜と著作目録が収録されている。

63 1916～1978年。軍事評論家。近代演劇を創出した小山内薫の次男。60年安保闘争以降、軍事研究・評論を専門とした。広義の左派の立場から軍事的研究を行った希有な存在で先駆者でもある。『ベトナム戦争

このおそるべき真実』(講談社、1965年)、『現代戦の構造』(潮文社、1975年)などがある。軍事史をマルクス主義の立場から研究した藤原彰(一橋大学名誉教授。1922～2003年)、大江志乃夫（→注65）とともに例外的存在。ただし藤原は陸軍士官学校を卒業している。

64 1903～1981年。中国史研究者。東京帝国大学文学部卒。在野で研究を続け、『歴史評論』編集長などを務めたのち、専修大学教授(1966～73年)。東京帝大時代からイスラム研究に没頭し、後年は中国のナショナリズム、抗日運動、中国の共産主義運動などを研究する。『中国革命と大日本帝国』(研文出版、1978年)などに晩年の研究の集成がされている。

65 1928～2009年。日本近代史学者。陸軍士官学校在学中に敗戦、名古屋大学経済学部卒。東京教育大学助教授時代、同大学の筑波大学への移管に抗議し、茨城大学に転じる。同大学名誉教授。明治維新史研究や教科書裁判の論客として知られ、茨城大学時代には軍事史研究に研究課題を移し、『日露戦争の軍事史的研究』(岩波書店、1976年)など浩瀚な著作を多く残す。司馬遼太郎の小説『凪の時』『坂の上の雲』(筑摩書房、1985年)もある。日本近代史研究のもっとも重要な研究者の一人であり、描いた小説『凪の時』に対抗な歴史観から研究分野は植民地研究や文化史、経済史の多くの領域に及んでいる。

66 ライシャワー（Edwin Oldfather Reischauer 1910～1990年、日本史研究者、ハーヴァード大学教授、在日アメリカ大使などを務める）の書いた『日本近代の新しい見方』（講談社現代新書、1965年）がロストウ（→注24）の近代化論を日本に適用した「反動的イデオロギー」であり日本の帝国主義支配やアジア各地の「下からの近代化」の動向を正当に評価しないものとして批判された。ライシャワーが日本大使でもあったため「ライシャワー路線」とキャッチフレーズされてアメリカの日本同盟政策の思想的形態であるとされた。ライシャワーは後年まで「ライシャワー路線」なるレッテルに激怒し、『ライシャワー自伝』（徳岡孝夫訳、文藝春秋、1987年）でも苦言を呈している。この「ライシャワー路線」批判の急先鋒は金原左門（1931年～、中央大学名誉教授）で『日本近代化』論の歴史像 その批判的検討への視点』（中央大学出版部、1968年）にその論考がまとめられている。ライシャワーは自伝で金原の名前をわざわざ挙げて「ライシャワー路線などはない」と強調している。

67 1929～2003年。早稲田大学文学部露文科卒、大学院を中退し日本共産党の専従勤務を『赤旗』編集局を皮切りに行い、衆議院議員も務める。五木寛之（1932年～、作家）と同郷でかつ大学時代から知り合い、「自由とロマンとわが青春―二十数年ぶりの邂逅」（『文化評論』1977年3月号）で対談している。

榊はきわめて公式的な党官僚理論家でその著作にまったく独創性はないが、このインタビューで、五木の対談には人民戦線時代を雰囲気が濃厚に漂っている。結局、『民主集中制論』（新日本出版社、1980年）などの著作で70年代を共産党の立場から葬り去る中心人物となった。

68 1931年～。北海道大学文学部卒、札幌学院大学名誉教授。ロシア革命、とくにエス・エルの日本における先駆的研究者。略歴・主要業績目録は『人文学』69号（札幌学院大学人文学会、2001年）に収録。なおネット上でも閲覧可能である。（http://jinbunweb.sgu.ac.jp/jounal/no69.PDF）

69 Edward Hallett Carr（1892～1982年）。英国外務省勤務を経て学究生活に入り、ロシア・ソ連史、マルクス主義史、さらに国際関係史研究の他領域においてパイオニア的な活躍をした。評伝にジョナサン・ハスラム『誠実という悪徳』（角田史幸他訳、現代思潮社、二〇〇七年）がある。

70 スターリン批判やハンガリー事件で混乱する中、中国共産党が1956年から翌年に行った、共産党への批判を歓迎する自由言論政策。「百花斉放百家争鳴」。毛沢東が主導したが、あまりにも激烈な批判の続出で、この方針は撤回され批判者は弾圧された。「反右派闘争」に転じた。

71 1977年、日本共産党副委員長であった袴田里見

伽藍が赤かったとき ―1970年代を考える―

が宮本顕治の党拡大路線批判をきっかけに対立を深め、インタビューで指摘されているような暴露を行い、除名された事件である。袴田は戦前以来の古い党員で、モスクワの東方勤労者共産大学に学び、共産党幹部が続々逮捕される中、「最後の中央委員」として活動していた。除名後、『私の戦後史』（朝日新聞社、1978年）などを執筆。共産党は「袴田毒素」一掃と称するキャンペーンを行った。

72 1892〜1993年。慶応大学理財科（現在の経済学部）卒。産業労働調査所に入所し渡英。イギリス共産党に入党し、共産主義者となる。戦前に逮捕されたが釈放されソ連に渡り、戦中は中国共産党とともに抗日運動を行う。「岡野進」の党名でよく知られた。1935年くらいまでの状況については膨大な自叙伝『風雪の歩み』に記載されている。刊行されたのは8巻、新日本出版社、1971〜1989年）に記載されている。1993年に旧ソ連の文書公開により、野坂が山本懸蔵などの旧同志への讒謗した事実が明らかになり、党を除名された。野坂については一貫して旧ソ連のKGBなどとの深い関係やスパイ説は存在してはいたが、常にもみ消されていた。長年、日本共産党の「良心の灯」のような象徴であっただけでなく、共産党議長を務め、共産党が支持を失っていた戦後の長い時期に参議院議員

に当選していたからである。宮本は晩年を除くと議会には出ず、党務に専念していたのに対して、野坂は共産党の公的な窓口でもあったため、この事態は激震を生んだ。

73 1914〜1996年。東京帝国大学法学部卒、東京大学名誉教授。『日本政治思想史研究』（東京大学出版会、1952年）や『現代政治の思想と行動』（未来社、1956〜1957年）に収録された諸論文で戦後思想に決定的な影響を与えた。

74 1911〜1989年。歴史学者。東京帝国大学文学部卒。東京大学名誉教授。マルクス主義史学の研究者で、帝国主義論による現代世界をとらえた先駆者。ナショナリズムを歴史的主体として認識し、帝国主義時代においてその存在状況が取らざるを得ない逆説的な姿などをも認識した。『帝国主義と民族』（東京大学出版会、1954年）はそうした観点から現代史の一つと言われている序説的研究で歴史学の古典の一つと言われている。長年、歴史学研究会代表を務め、多くの現代史研究者を育てた。晩年には日本共産党を批判する。『江口朴郎著作集』（全4巻、青木書店、1974〜75年）をはじめ著作は多数にのぼる。

75 エルンスト・マッハ（Ernst Waldfried Joseph Wenzel Mach 1838〜1916年）。現在のチェコの一部であるモラヴィアに生まれたドイツ系オーストリア人。19世紀末の経験科学のあらゆる分野に深い造詣を有し、

第1部　人民戦線・「田口・不破論争」・名古屋知識人

ニュートンに始まる近代科学の通念を徹底的に批判。物体を要素に分解するアトミズムを批判したり、それを前提とする帰納主義的な科学のあり方に疑念を呈し、新しい方法的視角を模索する。「経験批判論」とマッハの認識論が名づけられたのはそのためでもある。超音速の「マッハ」は彼の業績に因んで命名された。世紀転換期のあらゆる学問的延長、思想に絶大な影響を与え、相対性理論もマッハの業績と深い関連を有する。ゲシュタルト心理学などもマッハの業績と深い関連を有する。素朴な「物質の実在」と「その客観的な反映」を「認識」できるとしていた議論、とくにマルクス主義の科学論に決定的な打撃を与えたため、マルクス主義陣営内部でマッハの思想を踏まえて「科学」的社会主義のありかたを根本的に再構成すべきだとする議論を生んだ。ロシア・マルクス主義におけるアレクサンドル・ボグダーノフ（Александр Богданов 1878〜1928）の立場がその代表である。レーニンの『唯物論と経験批判論』（1908年）はこうした立場への批難を悪罵とドグマの繰り返しのみで書きなぐった希有の罵倒書である。このタイプの悪罵はマルクス主義者の常套手段として悪例を残すことになった。

76　1917年、ロシア第二次革命の転回の中で、革命政権の果たすべき役割を理論的に研究した書。国家権力と社会を分離し、国家は社会内の階級対立によって支配階級が被支配階級を抑圧するための機関であると

把握した。従って共産主義者は「無階級社会」を目指す以上、「民主的な国家」を打ち立てるべきでなく、共産主義のために「国家権力を掌握し」「多数派であるプロレタリアートが少数派であるブルジョアジーを抑圧」するプロレタリアートの独裁をすべきであると把握した。これは「多数派の少数派への抑圧支配」であるから「真の民主主義」でもあるが、無階級の共産主義に移行すると「民主主義も死滅」すると捉えた。

77　1972年日本共産党中央委員会によって若手党員や傘下の民主青年同盟の党員などに行われた大規模粛清。数百人が取り調べを受け、100人規模で除名されたとされている。その実態はよく理解できない部分があるが、学生運動家などの逸脱部分を共産党中央委員会主流派が議会主義を推進するために統制する必要から行われたようである。共産主義の用語で「日和見主義」はタダの悪口でまったく意味はない。意味のあるのは「新」の部分で、党外の過激派（極左和見主義、もしくはトロツキストと当時言った）とは別個の「新手の逸脱分子」を統制し、危険部分を党外に追い払う通過儀礼が「新日和見主義」事件であった。評論家として著名な高野孟もこの粛正を受けた一人で、自身のウェブサイト「高野孟の極私的情報曼荼羅＆あーかいぶ」(http://www.smn.co.jp/takano/index.html) において体験している。除名された党員の一人で「新日和見主義」の中心的人物の一人とされていた

78 　川上徹は『査問』（ちくま文庫、2001年）を公刊し、共産党側の反論（菅原正伯『新日和見主義』の分派活動とは何だったか―川上徹著『査問』について」『赤旗』1998年1月20日）もされている。日本共産党の党勢が強大化したのは、間違いなく新左翼のテロリズム化によって社会批判の期待が既成左翼の「再注目」させ、同時に学生運動や市民運動のダイナミズムをくぐった若手党員が柔軟に対応した点と深く関係していただろう。宮本指導部は、この情勢を読み間違えたわけであり、必ずしも「人民的議会主義」を共産党支持者も了解していたわけではなかった可能性が高い。果たして「新日和見主義」の除名後、潤滑油を失った日本共産党は70年代半ばになると翳りが見え始めるようになる。

79 　1985年に東京大学大学院在学中の共産党員が、共産党17回大会に際し、党体制の批判、選挙の敗北を受けて宮本顕治の辞任を要求した事件。除名処分を受ける。伊里の『気分はコミュニスト』（日中出版、1986年）は彼の主張を述べたもので、よく読まれた。言うまでもなくこのペンネームは「イリイチ」（レーニンの父姓）に由来し、当人は現在哲学者として活躍している大学教員である。この時期、日本共産党は入党に際し、「党名」を自己申告させていたようであった。「伊里一智」がそれであったかどうかは不明である。
　1891～1977年。経済評論家、経済史学者。早稲田大学卒。『東洋経済新報』編集長。日本近代史上はじめての「経済評論家」であると言われる。1920年代の金解禁論争で注目され、やがて日本経済の近代的発展をめぐる経済構造改革論の旗手として論壇に不動の地位を築く。日本資本主義の歴史的研究や金融改革論にも多くの著作を書いて研究している。影浦順子「高橋亀吉の思想的出発」（『アリーナ』7号、2009年）を参照。

80 　1897～1980年。東京帝国大学経済学部卒。東京大学名誉教授。戦前に人民戦線運動を経験し、戦後は日本共産党の講座派理論をいち早く批判する。「小野・上田論争」で従属帝国主義論を批判する。自叙伝『昭和史を生きて―人民戦線から安保まで』（三一書房、1985年）を参照。

81 　1914～1990年。経済学者。大阪商科大学卒。大阪市立大学名誉教授。戦前に人民戦線運動を経験し、戦後は日本共産党の講座派理論をいち早く批判する。「資本主義的社会構成体」において従属する他の経済制度のこと。「資本主義的社会構成体における半封建的ウクラード」などと表現する。なお正しいロシア語の発音では「ウクラート」である。

82 　уклад（ロシア語）。一つの社会経済的状態（マルクス主義では社会構成体）において従属する他の経済制度のこと。

83 　イマニュエル・ウォーラーステイン（Immanuel

Wallerstein 1930年～）によって発展された社会理論。世界をシステムとして把握するとは、先進地域（中心）の形成をその地域の形成によって従属化され周辺に再編される重層構造として世界史を見ることを意味する。これまでの歴史理論では史的発展を個別の社会のレベルで論じたため、内在的要因との相関関係などを分析の中枢においてきたが、世界システム理論では先進地域は「後進地域」を形成してはじめて成立することになる。別言すれば「先進」「後進」は歴史的発展段階でなく共時的形成をすると捉える。およそこうした大きな見方から、歴史的に存在した世界システムの形成と変貌と転換に関する研究をウォーラーステインは行った。

84 宇野弘蔵（1897～1977年、東京大学名誉教授）によって開拓されたマルクス主義の経済理論。マルクスの『資本論』などの資本主義理解を実際の経験的事実と論理的概念化を混同している部分があるとして批判的に継承する。ここから資本主義の経済モデルを抽出し、このモデル（原理論）から具体的な史的存在形態を分析する時には歴史的状況（=段階論）を検討せねばならないと考える。この思索は講座派マルクス主義の「半封建的経済制度の残存」理解を克服する論理を形成している中で形成された。後発的後進諸地域は先発資本主義の「遅れた」形態ではあり得ない、という認識は先駆的な理解であった。『宇野弘

蔵著作集』（全11巻、岩波書店、1973～1974年）がある。自叙伝『資本論五十年』（法政大学出版会、1970～1972年）も参照。

85 1923～2004年。経済学者。京都帝国大学経済学部卒。京大助教授を経て大阪大学法経学部教授。エセックス大学教授を経てロンドン・スクール・オブ・エコノミックス教授。数量経済学の立場から資本主義的発展と均衡を厳密に定式化した。ノーベル経済学賞の下馬評も高かったが受賞は果たせなかった。『森嶋通夫著作集』（全15巻、岩波書店、2003～2005年）があり、別巻には詳細な年譜と著作目録が収録されている。

86 経済主体の基礎体力（企業なら収益、開発力、資産価値など）を証券価格評価の基本におく分析。証券相場はしかし多様な思惑の集積で事後的に決定され、その価格変動のチャートが独自に物神化し、ある程度はチャートの動向は集合意志を代表するかのように推移する。この観点からチャートの変動を分析するテクニカル分析の手法も証券市場において大きな役割を担っている。

87 Long-Term Capital Management LTCPと略す。1994年にこのファンドが作られた際、マイロン・ショールズ（Myron S. Scholes 1941年～）とロバート・コックス・マートン（Robert Cox Merton 1944年～）という1997年にノーベル経済学賞を

伽藍が赤かったとき ―1970年代を考える―

受賞する研究者が経営参加していたため、「ドリームチーム」と言われたが、その受賞直後にファンドは破綻し、翌年の98年に破産した。極めて簡単に言えば、評価価格を算出するための多元連立方程式（創始者の名前を取ってブラック・ショールズ方程式と言う）をほぼ完璧な数式モデルに完成させたのが彼らの業績である。これは「労働価値のユニット」算定のパラドックスを予想させてあまりある。なおショールズが「ブラック・ショールズ方程式そのものは理論的に正当である」として創設したプラチナム・グローブ・アセット・マネージメントは2008年に再び破綻した。

88 裁定取引とも言う。基本的に「価値あるにも関わらず価格の低い」有価証券（通過の場合もある）などを「安い時に買い」、マーケットが「価値を正当に裁定して価格上昇した時に売る」手法で、投資の王道の一つとされている。

89 Polányi Károly 1886～1964年。名前の読み方についてしばしば論議される。ハンガリー語に忠実に読めば「ポラーニ・カーロイ」であるが、英語名のKarl Polanyi「カール・ポラニー」あたりが妥当ではある。ハンガリー出身のユダヤ人知識人。ハンガリーの近代化と近代思想の確立を目指す「ガリレイ・サークル」を主宰。やがて第一次世界大戦後のハンガリー革命の荒波にのまれ、ウィーンに移住しジャーナリストとなる。その後、イギリスに渡り、この時代から経済史研究を独自な観点で行う。のちに渡米するもヴィザが下りずカナダに住む。経済制度が社会の独自の機能を担った近代社会を歴史的に普遍的な存在とは捉えず、経済が社会に埋め込まれた時代（つまり今日的意味での経済概念のなかった段階）について分析した。経済の社会からの自立を「大転換」と捉え、そのメカニズムを歴史的に究明した。主著『大転換　市場社会の形成と崩壊』（吉沢英成など訳、東洋経済新報社、1975年）。なおポランニー一家の歴史をハンガリーの同時代史とクロスさせて描いた名著が栗本慎一郎『ブダペスト物語』（晶文社、1982年）である。

90 リカード派社会主義者であるホジスキン（Thomas Hodgskin 1787～1869年）に典型的な考えで、戦後日本の労働運動の「賃上げ要求」も基本的にこの考えに基づいていたと思われる。これは労働こそ価値を作り出す唯一の源泉として把握し、投下した労働の価値をすべて労働者が要求し取り戻すことによって社会的公正が成立するとする。インタビューで触れられているように労働価値は心理学で言う「ゲシュタルト」のような概念で、個別に「労働収益権」が成立するかどうかは疑問であり、結局はマルクスの革命論に収斂される過渡的理論ではないかとも考えられる。なお限界効用価値学説で著名なカール・メンガー Menger 1840～1921年）の弟で法学者アントン・メンガー（Anton Menger 1841～1906年）

91 実体をそれ以上分解不可能と想定される原子（アトム）に分解し、アトムの存在構造から具体的な事物の質量を考える立場。近代科学も近代社会論も基本的にはこの「アトム」（自然科学における原子、社会科学における個人）を論理的に前提していた。

の『全労働収益権史論』（森田勉訳、未来社、1971年）を参照。もちろんメンガーの目指すように社会的課題として「労働収益権」を保障する社会政策はあり得る。

『現代と思想』と名古屋知識人

小島 田口先生、少し別な議論もさせてください。中国のいまの自称共産主義なんですけれど、あれは結構、意味があるような気がするんです。中国はむちゃくちゃな、いわゆる開発独裁型の近代化をやって、一気に、急激に日本を上回るスピードで社会が変わったわけです。放っておくと、社会が完膚なきまでに破滅するわけですね。旧来はスターリン型の中央集権権力は開発独裁の一種であり、プレオブラージェンスキーの言う「社会主義的本源的蓄積」[92]だとされていたわけです。この観点からは中国など一定の成熟社会に達したわけですから、共産党の独裁などもはやあってはいけないことになります。別な観点からすると、この独裁は収束する、つまりやがて緩やかになるか崩壊するかのどちらかだとなるわけです。ダニエル・ベルの収斂論[93]ですよね。しかし今の中国の国家権

力は開発独裁と言うより野放図な開発競争を統御する機能を果たしているようにも見えます。それこそ行政国家と呼ばれるような、ある一定の統御・調整的役割が国家権力によって担われざるを得ないような、そんな段階が社会の成熟とともにあるとするならば、いまの中国の共産党独裁みたいなものは古いのではなくて、中国の現実に結構ぴたっと照合しているような気がするんです。したがって西欧モデルを基礎にした「中国崩壊論」も眉唾の部分があり、医学用語で言えば「寛解」状態をそのうち形成し、その上で別形態を模索の可能性もあり得るような気がします。これは大甘の議論でしょうか。

何を言わんとしているかというと、国家論の領域でマルクス主義が言ってきた、例えばプロレタリア独裁論とか、いわゆる独裁論みたいなものは、何か新しい理解というものを当てることができないかと考えるのです。ヘーゲルの「国家による市民社会のアウフヘーベン」の議論は、近代国家権

力の正統性弁証のロジックで、これは「プロレタリア独裁」論と構造的相似形ですね。厳密には後者は前者の後発社会バージョンです。中国は後発近代社会ではあっても、すでに発展途上国ではありませんが、極端な不均衡社会である事実は否めず、プロレタリアならぬテクノクラート独裁の新規形態のように見えなくもありません。労働価値論以外の領域でのマルクスの読み直しの論点でちょっとこんなことを考えました。

田口　いまの中国も、いまあなたは権力構造の問題を話されたけれど、経済格差をどう考えたらいいのでしょうか。何なんですかね。僕が見るところ、古典的なものであれ何であれ、中国経済の現況は社会主義なんていうのとはまったく関係ないのではないかな。つまり、急速な商品経済化と、経済体制としてのまとまりをなくしていく、中国というのはそういうカオス段階に入っているのではないかな。

小島　いまの中国なんかに、いきなり西ヨーロッ

パ的な意味のデモクラシーなんかを与えたら、ポピュリズムが台頭して日本に戦争を仕掛けろというう話になったり、爆発してしまうに違いないと思います。企業行動なんて、いまでも放っておかれているわけですけれども、さらに放っておいたら中国の社会自体が矛盾だらけになって、むちゃくちゃになる。共産党独裁みたいなものは基本的に駄目なんですけれども、何かのかたちで行政国家みたいな機能をどこかで補填しないといけない。まだましな権力として、いまの共産党独裁なんかを再評価してはどうか、こんな視点が出そうな気もするんです。これはマルクス主義の再評価とは関係ないかもしれませんけれど。先生、どうですか。かなり粗い暴論だということは知っているんですけれども。

田口　僕がいまの中国を見て感じていることは、急速に、おそらく社会主義とはまったく無関係な、無秩序な、そういう一つの、あえて言えばやはり商品経済的な経済秩序というものに移行を始めて

いると考えます。従って、あの体制は収拾できなくなるんじゃないのかな。というのが、僕の見方です。あれだけの人口を抱えて、しかも地政学的に重要なところにある体制が、もう自己コントロールもできなければ、暴発を許し、これはやはり世界動乱の一つのきっかけになるかもしれない。

岩間　少し話を戻しますが、『現代と思想』という雑誌についてその位置づけを教えていただけませんでしょうか。『現代と思想』は戦前の京都の文化人が出されていた反ファシズム抵抗雑誌『世界文化』、戸坂潤らの唯物論研究会の『唯物論研究』[94]を足して2で割ったような感じがしますね。実際に、この二つの雑誌の総目次が『現代と思想』2号に掲載されていますし、これがきっかけになって前者は小学館から後者は青木書店から復刻版も出ます。関係者のシンポジウムも2号に掲載されています。先日、小島先生との会話の中で『現代と思想』は共産党によって潰されたのではないかと伺いました。実際のところどうだったん

伽藍が赤かったとき ―1970年代を考える―

田口　でしょうか。

田口　うーん。少なくとも自壊したわけではなかったよね。僕みたいなのが、40号まで続いているあいだに、かなり指導的な役割を担っていたから、だから、それはけしからんということはあったんじゃないのかな。

岩間　やはり共産党の圧力によって終刊に至ったということでしょうか。

田口　うーん。

小島　先生、歴史研究者の立場から見まして、それ以外の理由は考えにくいと思います。結果的に言ったら、日本共産党が田口先生に対する批判をしたということは、70年代の自分たちを批判したということだったと思うんです。田口先生の花舞台であった『現代と思想』ももろとも葬り去った。

諏訪　それはいつごろ終刊になったんですか。

田口　これは、終刊が1980年7月1日ですね。

諏訪　なるほど、1980年ですか。

田口　そして、発刊が1970年の10月ですね。

第1号の特集は「現代日本の思想的課題」でした。このときの執筆陣を見るとすごいな。家永三郎先(95)生が書いているし、亡くなった嶋田豊氏が(96)「新しい地球人の形成」なんて書いているし。

小島　日本福祉大学の哲学者だった方ですね。

諏訪　ええ。

田口　それから、片岡昇さんが(97)「新しい市民の形成」を書いているし、牧二郎さんを諏訪先生はご(98)存じないかな。

諏訪　いや、僕はよく知っていますよ。

田口　「基礎科学の擁護」なんていうのを、この第1号に書いています。それから、林直道さんの(99)「日本軍国主義復活の経済的基礎」ですね。そうだ、高島善哉さんが(100)「ナショナリズムの条理と不条理」、それから、憲法学者の奥平康弘さんが家永(101)勝訴。家永先生の教科書訴訟が勝ったんだ。勝訴の意義と今後の課題というようなのを書いています。私はばかなことに、「平田清明氏における国家と市民社会概念の批判」なんて書いています。僕は

平田さんとはその後ずっと近くなっちゃうわけですけれども、そんな論文を最初に書いていますね。

諏訪　また余談だけれど、私の先祖も参加して、私は薩摩藩士の末裔なんですが、それを江戸時代にやるんです。宝暦治水というのを江戸時代にやるんです。いまから250年ぐらい前。そのときの総奉行が平田靱負（ゆきえ）という人で、平田清明さんのご先祖です。

田口　ああ、聞いたことあるな。

諏訪　切腹してね。その子孫です。平田清明さんは。

田口　僕が戦後50年近く付き合ってきたマルクス経済学者のなかで、一番ブリリアントだったのが平田清明さんだったと思います。

諏訪　彼はオープンマインドだったでしょう。

田口　あまた出たマルクス経済学者のなかで彼が一番優秀だったんじゃないかな。そして最も独創的だった。

諏訪　『現代と思想』が終刊になるというのは、売れ行きが非常にがた落ちしたとか、そういう理由はなかったのでしょうか。

田口　いや、売れ行きは全然落ちなかったようです。

諏訪　落ちないのにやめるというと、やっぱり小島先生のおっしゃるように、政治的に本流から少し逸脱しているということで、やられた可能性がありますね。終刊にあたっては、田口さんはどう言っていらっしゃるんですか。残念だとか、けしからんということは書いていないわけ。

田口　僕はこの雑誌で最後に登場するのはいつだろうな。僕は第29号に、「先進国革命と前衛闘争史論」という論文を書いています。これがきっと触っちゃったやつですね。それから、30号ではシンポジウム「スターリン主義の検討」というのを稲子恒夫さん（103）、上島武（104）、斉藤孝（105）、中野徹三、藤井一行、藤田勇さん（106）、私は司会でやっていますね。

それから、そのシンポジウムの「2」が第31号、「自治体の再生と展望」に出ています。「3」が第32号、「現代のマルクス主義とスターリン問題」

という特集で出ていますね。それで、同じこの号に、僕はスペイン共産党第9回大会について書いているな。これで僕は終わりかな。

諏訪　そうすると、40号には田口先生は書いていらっしゃらないんですね。

田口　はい、私はもう名前が出ていませんね。

小島　いま、先生が徐々にご回想を新たにされているように、つまり、70年代、田口先生こそ花形理論家であったわけです。人民戦線の理論家だったと、歴史家は絶対に評価をする。それぐらい大きなキーパーソンだったと私は考えます。

私は1975年に大学に入学しましたので、ちょうどその雑誌が出ている最中と学部学生時代は重なります。いまの学生には見当が付かないと思うけれど、われわれは一応活字世代だから、こういう雑誌に敏感だったんです。みんな争って買いました。生協なんかでも山積みされて、あっという間になくなったんですよ。この論文はどうかと議論することは学生のなかの共通のテーマだっ

たんです。

それが突然廃刊という結末を迎えました。みんな絶対に共産党が政治的指導、つまり弾圧をしたと考えました。共産党員の学生も含めて、みんなそういうふうに言ったんです。

諏訪　売れ行きが一つも減らないのに、突然廃刊になるというのは、不自然ですね。

小島　ずいぶん名古屋大学関係者の顔が出ていますね。平田清明先生も京都大学に行く前に名古屋大学にいらっしゃいました。ちょっとだけ話がずれはするんですけれど、名古屋大学という場所ですね。これを70年代を「人民戦線の時代」というふうにあえて名前を付ければその主要舞台であったような気がいたします。それは東大でも京大でもなく名古屋大学の知的全盛期であったのではないでしょうか。その真っ最中に、田口先生は明治大学から名古屋大学に替わられたわけです。この辺は歴史学者の勘ぐりなんですけれど、田口先生こそ、名古屋大学のいろいろな議論をまとめあげ

田口　いやいや、そんなことはないですよ（笑）。私がそんな大きな役割をしているわけがない。していはずがないですよ。

諏訪　とにかく名古屋大学という大学はあの時代には面白かったですね。私は卒業をしてすぐに指導教授に勧められて名古屋大学に参りました。名古屋大学理学部は自由で創造的でした。例えば物理の坂田昌一さんがいたし、それから、化学には江上不二夫さんという、江上波夫さんの弟がいたんです。有機化学でね。

小島　オパーリンの『生命の起源と生化学』の翻訳をやっている人ですか。

諏訪　そうそう。オパーリンを訳していましたね。当時の東大では地球物理学科というのがありまして、そこで地震とか、地球内部構造論とかをやるわけです。私が出たのは地質学科だったんです。そこでは古典的な化石の研究などをやる、野外を主として岩石の成因を追求するグループと、高温高圧実験をやろうという雰囲気もありました。いまは、ほとんど地球の一番奥までの圧力を出せますから、地球がどういうような動きをしているかというのを、実験室で再現できるんです。地球化学という領域が東大の場合には化学科のなかに一講座としてあったわけです。

ところが、名古屋ではそれが全部一緒になりまして。地球物理と地球化学と地質学が一緒になって、一つの地球科学という教室ができた。それで、教授がみんな40歳代で若い。助教授が30歳代、助手はもう、学生とほぼ同年齢です。私なんかは全然実力がなかったんですけれど、君が希望すれば、推薦するとおっしゃった。私にお話があったのが4月でしたから、助手になったのは10月1日付けでまいりました。学生と同じくらいの年齢で楽しかったですけれど。

名古屋大学全体が非常に若々しかったですね。東京ではみんな50歳代、60歳に近い学士院会員と

いうような人が教授でしょう。ところが、名古屋ではまだ40歳代の、東京で言うと助教授クラスの人が教授でおられて。坂田先生なんかもまだピチピチした会社の課長さんみたいな感じでしたよ。武谷三男さんなんかもちょっと関係しておられて、それから理学部の理論的支柱には、菅原仰というのがいまして、科学史の講師をやっていたんです。

小島　エンゲルスの『自然の弁証法』やバナールの『歴史における科学史』の翻訳なんかをやっていますね。名古屋大学の水田洋先生のグループでボルケナウの『封建的世界像から市民的世界像へ』の翻訳をもやっていますね。実はこの三人の若手諸君とボルケナウを最近読み直しました。丸山眞男先生の『日本政治思想史研究』にヒントを与えた本として著名ですが、確かに似ているなと思うぐらいの語学の天才です。とにかく、多士済々でしたよ。

諏訪　もう語学の天才でね。あの人は本当に物理じゃなくて哲学科なんかに行かれたほうがよかったなと思うぐらいの語学の天才です。

小島　諏訪先生、ちょっと茶々を入れるみたいですが、先生がいまおっしゃった名前から、いろいろな人物を連想してしまいました。例えば、真下

「オプティミズム」と命名するのはボルケナウしたが、丸山先生は正しく同一の意味で継承されています。この用語は丸山エピゴーネンのキャッチコピーになっていましたし、いくつかの印象的フレーズはボルケナウから丸山先生は頂戴されたことは間違いありませんね。その反面、ボルケナウの「思惟構造」は生産過程のメカニズムとアナロジーの関連を持ち、あくまでも経済決定論の枠内に留まっています。このボルケナウ学説のハードコアだけは丸山思想史学には存在していませんね。まったく菅原仰の名前が今出るとはちょっとした偶然です。

田口　信一[115]がいましたね。

田口・諏訪　真下先生ね。

小島　それから、長谷川正安[116]も名古屋大学。

田口　同僚でした。

小島　こうなったら、『現代と思想』の執筆メンバーのかなりな部分が名古屋大学と違いますでしょうか。

田口　確かに、かなり多いですね。

諏訪　真下先生は、戦争中、京城帝大の助教授だったんです。敗戦になって困ったときに、ものすごくできる人ですから、一時期、一高の教授になったんです。そのときに影響を受けたのが嶋田豊ね。それから、不破哲三もそうです。上田耕一郎とか、みんな真下先生の影響を受けたんです。嶋田は一高なんですよ。一高だと普通は東大に行きますけれど、名古屋の真下先生のところに来たわけです。とにかく、昔はこの先生だと思い込むと、もう東大なんかに行く必要はないんですよ。塩澤君夫[117]がそうでしょう。彼は一高なんだけれど、

東北の中村吉治[118]のところに行くんですよ。三好達治と三高で一緒だったという先生です。三好達治が中村先生を訪ねてきて、塩澤氏が中村先生に代わって三好達治と徹夜で飲むんですね。

とにかくいまの学生は大学にどういう先生がいるかということは、ほとんど知らないんですね。昔は、高等学校に入ってある程度本を読むと、そこの大学に誰がいるかというのを知りました。だから、私の友達の樋口敬二[119]という雪氷をやっている人は三高なんですけれど、北大の中谷宇吉郎[120]先生のところに行きたいと言って北大に行くんです。京都に行かないんですよ。

とにかく名古屋大学というのは、私は助手で来たときにびっくりしましたよ。木造ですからね。これが本当に帝国大学だったんだろうかと思いましたよ。本郷はGHQにする目的で、アメリカは爆撃をしなかったんですから、残していたんです。一部を除いては無傷でしたから。

田口　そういう話を伺っていると、やっぱり一時期

の明治から名古屋大学に移ったんですけれど。

諏訪　雰囲気が明るかったものでしたね。

田口　明るかったな。

諏訪　何を言っても、おとがめがなかった（笑）。

田口　そうそう。

小島　東大と京大という、二つのちょっと違うタイプの制度的権威の真ん中で、ちょっとあぶれた自由な精神を持った人間が名古屋に集まった瞬間というのがあったことは事実ですね。東京では一時期の法政大学がそうでしたし、60年代の立命館大学もそうだったような知的雰囲気ですね。何度も無理やり引きつけるみたいなんですけれど、60年代ぐらいから、『現代と思想』の時期にかけて、名古屋大学というのはそういう優れた自由インテリの拠点になったという見方もできそうな気がしますね。

田口　そうですね。僕も政治関係の同僚でいうと、やっぱり守本順一郎[121]なんていうのは、あれは大変な人でしたね。僕は彼につばをつけられて、東京

の名古屋大学というのはなかなかのものでしたね。

諏訪　守本順一郎。

田口　東洋政治思想史の教員ですよ。

諏訪　名古屋におられたんですか。

田口　はい。東洋経済思想史の教授として東大の経済の特別研究生からいらっしゃいました。

諏訪　法学部の教授ですか。

田口　はい。彼は豪傑でした。

諏訪　やっぱりその辺はもっぱらアフリカぽけして。

田口　いやいや（笑）。名古屋大学法学部というのは、僕が移ったころはすごく活気があったんだな。政治学科教授は横越英一、中木康夫[123]、守本順一郎、福田茂夫[124]と田口の五人です。

小島　先ほどのボルケナウでも少し触れましたが、水田洋先生。

田口　水田さんは経済学部でもう90歳になったでしょう。

諏訪　田口先生と水田先生は仲が良くてね。「九

小島 よく知られた議論になるんですけれど、高島善哉、そして水田洋という流れのなかで、平田清明のような独創的研究者が登場したのですね。

田口 そうです。そういうことです。だから、高島先生は偉かったんだと思うな。

小島 先生がブリリアントだとおっしゃった平田清明の仕事というのは、結果的に言ったら、市民社会という概念を、いわばコペルニクス的に転換させたものですね。一時期の階級社会として、乗り越えるべき対象ではなく、継承しないといけない前提と捉えなおしたのですね。市民社会を再評価するということなんですけれど、日本社会の変革のためには、市民社会を踏まえた、継承発展したような革新の在り方が必要だという議論は先進国革命の論理につながりますね。

竹川 田口先生は『マルクス主義政治理論の基本問題』(青木書店、一九七一年)という一冊をお書きになっていますね。

田口 なんかそんなものを書いていますね。

竹川 そのなかで高島善哉批判と、平田清明批判をなさっておられます。ここの内容はかなり細かい論述をなさっておられますので、要約するのは容易ではありません。ですが、あえて単純化するならば、高島善哉と平田清明がいわば正統派マルクス主義とは言い難い市民社会論の積極的評価をするのに対して、興味深いことですが田口先生は主にレーニンなどを使って「正統的」に批判をなさっている印象があります。平田清明は当時、『市民社会と社会主義』(岩波書店、一九六九年)を書いて、マルクス主義の新地平を開いたのはご存じの通りです。一方の高島善哉も翌年に『民族と階級——現代ナショナリズム批判の展開』(現代評論社、一九七〇年)を出版しており、これも非常によく読まれた本です。田口先生が着眼されるのは、基本的に両者が提示している国家論の問題、具体的にいえば市民国家と資本主義国家との区別や、その歴史的移行の問題です。

今日でもほとんど指摘されないことなのですが、高島善哉と平田清明の問題意識というのは極めて似ています。日本での市民論とか市民社会論は、戦前に起源があるということはできますし、高島善哉がまさにそうでした。しかし、実際に市民社会論が興隆した時代は1960年代から1970年代です。それまで市民とか市民社会というのは忌避される階級的なタームでしかなかったわけですが、戦後民主主義の危機に対抗するという時代のなかで高島や平田もそれを積極的に打ち出します。無論それが受け入れられる風潮ができあがっていった背景には、スターリン批判にはじまる正統派マルクス主義の自己崩壊があります。平田の著作も周知のようにチェコ事件という背景に強く動機づけられています。これが独立派マルクス主義者のバイブルになったという話も有名ですね。いずれにしても、高島にも平田にも正統派、特にレーニンへの批判の意識があったといえます。これはよく考えると不思議なんです。田口先生こそネオ・マルクス主義の見地からのレーニンに対する痛烈な批判者であるにも関わらず、とくに平田清明への反論に際してレーニン擁護をしていることです。ただこれは矛盾しているわけではなくて、田口先生が実際にはレーニンの理論的業績を丁寧に読み込み、その功績を評価しておられる一方で、民主集中制の問題とか統一戦線の問題は別次元で、70年代における先進国の歴史的社会的条件のなかでの革命戦略を現実的修正案として提示されていたということだと思います。ですが、その政治戦略上での市民社会的あるいは民主主義的課題は、じつは高島善哉と平田清明と決して別物ではなかったこともまた明らかです。

田口　それは私にとってたいへん好意的見解です。

竹川　平田清明は高島善哉の弟子ですね。

田口　お弟子さんです。

竹川　付け加えですが、私自身は高島と平田の思想的つながりは決して小さな問題ではないと考えています。特に市民社会の積極的認識は、高島の

影響でしょう。高島善哉・水田洋・平田清明の共著で『社会思想史概論』（岩波書店、1962年）というのがありますが、ここでいくらかそれを読みとることができます。

田口　ああ、そうですか。私はそのことを忘れちゃっていた（笑）。

竹川　水田さんは高島善哉のお弟子さんで、一番弟子と言ってもかまわないと思います。高島の処女作『経済社会学の根本問題──経済社会学者としてのスミスとリスト』（日本評論社、1941年）を当時検閲から守るために編集された一人でもあります。

小島　東京商科大学の時代に高島先生に師事していると思うんですけれど。

諏訪　東京商科大学はすごい先生が多かったですね。

竹川　高島善哉は最初、福田徳三[25]という日本における経済学の開拓者の一人に学んでいます。ここ10年くらいは一橋大学を拠点に、一橋の学問というかたちで業績が評価されているようです。福田の弟子としては、左右田喜一郎[126]、小泉信三[127]、中山伊知郎[128]、大塚金之助[129]、大熊信行[130]、赤松要[131]、杉本栄一[132]などがいます。一方では左右田喜一郎の経済哲学の直接の門下生である杉村広蔵[133]などが出てきます。こう見ると、戦前の東京商科大学は特に経済学において、優秀な人材を多数輩出したことが分かります。

田口　そうですね。

諏訪　水田さんと非常に仲の良かった人物がいるんですよ。山田秀雄[134]というのが。

竹川慎吾

田口　僕はお目にかかっていないな。

諏訪　山田秀雄は経済研究所の所長とかをやって、ずっと東京商大に残ったんですけれど、この方がイギリスを中心としたアフリカ経済の研究家だったんです。だから、私とアフリカ学会でよく一緒で、アフリカ学会の会長なんかも山田先生がやられていました。

田口　そうでしたか。

諏訪　いつも「水田が、水田が」と言うので、仲が良かったですよ。それで、1年前ぐらい前に水田先生とちょっとダベる機会があって聞いたことがあります。当時は東大と一橋でかなり学派が違うんですかね。それで、論争があったそうですよ。そのときの論客は一橋のほうは山田秀雄だったそうです。東大は誰か忘れたけれど、「諏訪さん、弁が立つ人はあまり書きませんね」と言っていた。本当に山田さんは、水田さんより弁が立ったと言っていました。

田口　水田さんはとても、立板に水ではないもんね。

諏訪　あの人は現代政治批判をやるからね。石原都知事をはじめ、一橋の後輩の悪口をまずやって、面白いよ。

田口　僕は彼がやっている同人誌の『象』の何年か前から同人ですから、いろいろ教わっているんです。しかし、彼は全然ぼけないね。1919年9月生まれですが全然ぼけない。

小島　名古屋の『現代と思想』の執筆者で思い出すのは、影山日出弥ですよ。『国家イデオロギー論』（青木書店、1970年）などは、ある意味では原則的批判なのかも知れませんが、独特のストイックな文体で、私も影響を受けました。影山はその本にも収録されている「政府形態の理論」という論文で人民戦線戦術の歴史的回顧をしているのです。

田口　影山さんは若くして亡くなりましたもんね。彼は憲法学で言うと、長谷川正安とあるところでつながっていると思うけれど、シャープだった。

諏訪　長谷川正安さんも一橋ですね。
田口　そうです。
小島　先ほども話に出ました塩澤君夫先生はいかがですか。
田口　日本経済史のですか。
諏訪　塩澤さんはかなり実証的でしょう。江戸末期の、特に一宮を中心とする機織り業なんかをずいぶん詳しく調べておられますね。
小島　一方で、『古代専制国家の構造』(御茶の水書房、1958年)とか、『アジア的生産様式論』(御茶の水書房、1970年)とかをやっていましたね。
田口　ああそうですね。
小島　歴史学を学んだものとしまして、アジア的生産様式論争の論客の一人として塩澤先生をよく存じ上げております。それと、『日本資本主義再生産構造統計』(岩波書店、1973年)といいう、ものすごく大きな本を編集なさっておられます。そのグループにやはり名古屋にいらっしゃった芝原

拓自先生が入っています。大きな業績を残されて、いまも超えることができないようなお仕事ですね。
諏訪　この前8月に、ちょっと県立図書館でお会いしました。県史の編纂に非常にご熱心で。若い方はご存じないだろうけれど、養命酒というのをご存じですか。
岩間　養命酒ですか。
影浦　薬酒ですね。もちろん知っています。
諏訪　塩澤さんは養命酒のお家なんですよ。信州のね。だから、あの方も長生きですよ。
諏訪　それから、さっき小島先生が新村猛先生のことをちょっと紹介なさったんですけれど、一言。ロマン・ロランの研究について言わないといけませんでした。岩波新書で『ロマン・ロラン』(1958年)というのがあります。
小島　ありますね。三一書房から3巻の著作集が出ていて、確か第1巻が「ロマン・ロラン研究」というタイトルを付けられていましたね。

諏訪　水田さんだとか、いろいろな他の人は、新村先生のことをみそくそでしたが、ご苦労も多かったですね。社会党と共産党を何とか仲良くさせようというので、宮本顕治に会ったり、成田知巳に会ったりね。もう苦労されたんです。その活動が忙しくて、オリジナルな学者としての仕事を新村猛はしていないとか、そういう批判がありましたね。だから、文科系の人は、人がよすぎて政治的なことに首を突っ込むと、学者としての仕事をやる時間が不足してしまうのでしょうか。

『広辞苑』の仕事は非常に理想主義的にやられましたね。そのために岩波の辞典部としょっちゅうけんかなんですよ。私は両者のあいだに立って和解の役をしましたよ。例えば『広辞苑』の第3版は新村先生の理想からはほど遠いけれど、岩波の辞典部長と話をしたら、10年か15年後に必ず第4版を出すと言う。それに向けてエネルギーを傾注してくださいと言うと、新村猛先生は、ころっとすぐに納得されたんです。「諏訪くんが言うの

なら」というのでね。そこで休戦協定成立。岩波は第3版がつつがなく出るというので、「先生、今日はロシア料理店に行きましょう」とか大歓待でした。恐怖でした。私が岩波に行くと、「先生、今日はロシア料理店に行きましょう」とか大歓待でした。恐怖でした。

なお『広辞苑』の第3版は1983年に出版され、第4版は1991年に出版されました。新村先生は1992年に他界されました。

1962年第1回のアフリカ調査の話をいたします。1960年という年は、アフリカの諸国がヨーロッパの列強からどんどん独立を始めているんですけれど、57年ぐらいから独立を始めた。1960年が一番独立したんですね。17の国が独立した年です。

そのころの学生というのはやっぱりいいですね。文学部の学生が中心で、その独立の生き生きとしたところを自分たちの目で見てみたいというので、某テレビ会社に話をしたら、カイロからケープタウンまで特派員を出して、ランドクルーザーを2台出しましょうという話になった。文学部の

で、理学部に誰かいないかというので、結局私が行ったんです。

とにかく、名古屋大学というのは、京都と東京のあいだの、ちょっと中途半端な大学でもあったんですけれど、やっぱり独自の発展をしましたね。

田口 そうですね。

小島 さて、みなさま、ちょうど最初の話にうまい具合に戻りました。とくに田口先生につきましては、『戦後日本政治学史』（東京大学出版会、2001年）に書かれている学説史的な論を回避して、若い諸君に学問でなく時代についてお話を引き出してもらうような戦術をとらせていただきました。お昼から始めたインタビューですが、すっかり日も暮れかけてきました。本日は本当にありがとうございました。

（2010年10月28日　日進市香久山の田口邸にて）

学生が多いもので、文学部長の新村先生にご相談をしたら、「君たちが、アフリカを現実に見たいというので感激した。自分たちの青年時代は、軍国主義に抑圧されて、とてもそういう夢を語ることはできなかった」と。それで、自分は応援すると言われました。ただし、一つ条件があると。君たちだけが行くと、それはマスコミも大きく取り上げて、「ああ、よかった」と言うだろうけれど、よくやった」と。名古屋大学の学生はい。誰か物好きの若い先生を名古屋大学から一人と、名城大学からも一人選んできなさいと言われました。

名城はすぐ決まったんですよ。薬学部にいい人がいましてね。長沢元夫さんといって当時名城の助教授で、のちに東京理科大の薬学部長になった方がすぐに決まった。名古屋大学は、最初は新村先生が推薦された教養部のフランス文学の先生が候補になったのですが、ドイツ語の先生などが足を引っ張ったりして、内輪もめしましてね。それ

註

92 エヴゲニー・プレオブラージェンスキー（Евгений Алексеевич Преображенский 1886〜1937年）の展開した理論。農業などの非社会主義的生産部門から資本を社会主義的工業部門の拡張のためにあてるべきであるとする。「本源的蓄積」とはマルクスの概念で「資本制的生産を作り出した最初の蓄積」のことであるが、ロシアでは資本主義的発展が極めて低い段階であったから、プレオブラージェンスキーはこの概念を社会主義的工業化について用いた。これは一見したところ、スターリンによる「上からの工業化」政策を弁明したような議論にも読める。ただし、プレオブラージェンスキーは工業化を暴力を用いて推進することには批判的で、徹底的な民主主義的手続きの継承を主張し独裁を批判したために最終的には処刑されたと推定されている。旧ソ連末期の1990年に彼は名誉回復された、なお主著の一つ『新しい経済―ソビエト経済に関する理論的分析の試み』（救仁郷繁訳、現代思潮社、1967年）が邦訳されている。

93 ダニエル・ベル（Daniel Bell 1919〜2011年）。社会学者、ハーヴァード大学名誉教授。『イデオロギーの終焉 1950年代における政治思想の渇について』（岡田直之訳、東京創元新社、1969年）で知られる。産業社会が熟すると政治的イシューはもっと即物的な社会的イシューに代位され「イデオロギーは終焉」するとする見解で、この議論の流れに合致する社会理論一般を収斂論と総称した。冷戦以降に現れたフランシス・フクヤマ（Francis Yoshihiro Fukuyama 1952年〜）の「歴史の終わり」の論理構造と瓜二つである。さらに産業構成が高度化すると知識労働が肉体労働に取って代わり、「脱工業社会」に移行すると分析した『脱工業社会の到来――社会予測の一つの試み』（内田忠夫ほか訳、ダイヤモンド社、1975年）も影響力のある議論であった。「知識社会論」や「情報社会論」はベルに起源を持つと評していいと思われる。「収斂論」なる概念はやや曖昧ながら、大きなデザインはロストウの近代化論にすでに潜んでいると考えられる。

94 戸坂潤（1900〜1945年）など戦前の唯物論に立つ哲学者たちによって1932年に結成された研究団体。「ユイケン」と通称される。機関誌『唯物論研究』だけでなく、『唯物論全書』など問題提起的な著作も出し、思想的に広汎な勢力を統合して必ずしも唯物論の立場に立たない自然科学者、歴史学者なども糾合した。戸坂だけでなく古在由重（1901〜1990年）、甘粕（見田）石介（1906〜1975年）、永田広志（1904〜1947年）、森宏一（1901〜1933年）、三枝博音（1892〜1963年）、梯明秀（1902〜1996年）、舩山信一（1907〜1994年）など戦後哲学をリードする思索家のすべ

ての出発点がこの唯物論研究会である。たびたび弾圧を受け、1938年に解散に追い込まれる。

95　1913〜2002年。日本史学者。東京帝国大学卒。東京教育大学教授として長く勤務し、1965年から教科書検定訴訟の原告として闘う。出発は日本古代文化史、仏教史であったが、次第に広汎な日本思想史全般を論じるようになり、教科書裁判の時期には日本近代思想の研究に取り組み、植木枝盛（1857〜1892年、民権思想家）、美濃部達吉（1873〜1948年、憲法学者、なお→注30）、津田左右吉（1873〜1961年、歴史学者）などを論じる。『家永三郎集』（全16巻、岩波書店、1997〜1999年）この第16巻に詳細な年譜、著作目録、自叙伝「一歴史学者の歩み」（単行本としては岩波現代文庫、2003年）が収録されている。

96　1929〜1997年。インタビュー中に経歴について言及がある。長年、共産党正統派の「御用哲学者」のような立ち位置を貫き、知識人論、大衆文化論などを執筆した。党外の知識界には影響力は絶無ではあったが、このタイプの知識人は再評価していいと考えられる。嶋田は共産党の政治的立場を哲学的に弁明したわけでなく、グラムシの「有機的知識人」（アカデミズムに籠もるのでなく社会内部に知的に沈着し、社会的任務に応えながら思索するインテリ）を自覚し、共産党の知的怠慢を批判する代わりに党員を「知的にあるべ

き」姿にすべく思想的提案をし続けた。学問的に嶋田を「不毛」とする批難は本質的ではない。『現代の知識人』（青木書店、1971年）などは若干の文意を書き換えれば今日でも読むに値する著作であろう。『嶋田豊著作集』（全3巻、萌文社、1999〜2000年）『嶋田豊哲学論集』（福田静夫編、萌文社、2004年）などが死後に上梓された。

97　1925年〜。法学者。京都大学法学部卒。京都大学名誉教授。専門は労働法で労働者の団結権や労働者保護を法学的に研究した。70年代のスト権奪還闘争に法学の根拠を提供した。

98　1929〜2005年。東京文理科大学卒。京都大学名誉教授。理論物理学者。素粒子物理学を研究し、ニュートリノ振動を理論的に予測した。

99　1923年〜。経済学者。大阪商科大学卒。大阪市立大学名誉教授。恐慌論、景気循環論から出発し、次第にマルクス主義の史的唯物論の再構成を原理的に試みる研究に転じる。『史的唯物論と経済学』（上下、大月書店、1971年）は60年代に進捗したマルクスやエンゲルスのテキストクリティークから生まれた平田清明（→注21）らの理解を批判して、やや古典的な階級論の社会理論を再認した構造を持ち、教科書としてよく読まれた。『フランス語版資本論の研究』（大月書店、1975年）はその総集編のような位置を占める実証的分析である。その後、日本経済論を論じ、百人

100 一首研究者としても著名となる。『百人一首の秘密―驚異の歌織物』(青木書店、2003年)などがその代表作。自叙伝『嵐の中の青春』(学習の友社、1990年)も参照。なおウェブサイト「林直道の百人一首の秘密」(http://www8.plala.or.jp/naomichi)も参照。

101 1904～1990年。経済社会学者。東京商科大学卒。一橋大学名誉教授。アダム・スミスのような階級論的視点でなく市民社会の構成原理をマルクスから出発し、近代社会の構成原理をマルクスから出発し、近代社会の構成原理をマルクスから出発し、近代社会の構成原理をマルクスの社会理論的あり方を分析。この観点から社会科学の古典を再検討し、水田洋[→注113]、平田清明[→注21]らの出発点となった。理論的に近代主義の社会理論とも講座派マルクス主義とも相補関係に立ちうるが、平田清明の段階になると相違点が浮かび上がる。『社会科学入門 新しい国民の見方考え方』(岩波新書、1954年)は蜜月時代の雰囲気を漂わせた作品である。『高島善哉著作集』(全9巻、こぶし書房、1997～8年)。

102 1929年～。憲法学者。東京大学法学部卒。東京大学名誉教授。「知る権利」などの提唱で知られ、治安維持法の研究者としても著名である。
宝暦4(1754)年から翌年にかけて薩摩藩が幕府の命によって木曽川・長良川・揖斐川の治水工事を行った。これは幕府による薩摩藩弱体化の陰謀であったと言われ、薩摩藩士などに抗議自殺者などを多く出した。杉本苑子の直木賞受賞作『孤愁の岸』(講談社、

103 1962年)は、この事件を描いた小説である。
1927年～2011年。東京大学法学部卒。名古屋大学名誉教授。比較法、とくに社会主義法を研究。著書に『ソビエト国家組織の歴史』(日本評論社、1964年)など数多くあり、ヴェトナム法の研究なども先鞭をつけた。

104 1935年～。京都大学経済学部卒。大阪経済大学学長を務め名誉教授。ロシア経済史、ソ連社会主義経済史を研究する。『ソビエト経済史序説 ネップをめぐる党内論争』(青木書店、1977年)など多くの著作がある。「上島武教授 略歴・業績目録」(『大阪経大論集』第53巻6号)を参照。

105 1928～2011年。歴史学者、国際政治学者。東京大学法学部卒。学習院大学名誉教授。『第二次世界大戦前史研究』(東京大学出版会1965年)をはじめ第二次世界大戦期のイベリア半島史、スペイン戦争などについて研究する。歴史学研究会委員長として後進を指導し、国際関係史研究の制度的確立のために大きな業績を残した。

106 1925年～。東京大学法学部卒。東京大学名誉教授。マルクス主義法学の理論的研究、ソ連法の実証的研究、ソ連の法学理論史などの分野でのパイオニアとなった。『ソビエト法理論史研究 ロシア革命とマルクス主義法学方法論』(岩波書店、1971年)をはじめ多くの著作がある。『法と経済の一般理論』(日本評論

107 1911〜1970年。物理学者。京都帝国大学理学部卒。名古屋大学教授を務める。日本の素粒子物理学をリードした。

108 1910〜1982年。生化学者。東京帝国大学理学部卒。日本の生化学を牽引した一人で東京大学教授に転出、1971年からは三菱化成生命科学研究所所長。

109 1906〜2002年。考古学者。中央アジア史研究から出発する。東京帝国大学文学部卒。東京大学名誉教授。騎馬民族王朝征服説などで知られる。『江上波夫著作集』(全12巻＋別巻、平凡社、1984〜1986年)。この第12巻には自叙伝『歴史・人間・旅』が収録されている。

110 アレクサンドル・イヴァノヴィッチ・オパーリン (Александр Иванович Опарин 1894〜1980年)。ソ連の生化学者。無機物から生命が誕生する過程を科学的に仮説化した。

111 1911〜2000年。物理学者、科学史家。京都帝国大学理学部卒。立教大学教授を務めた。技術論や3段階論でしられる。京都で『世界文化』(→注53)に参加したため逮捕歴がある。科学的認識の発展をめぐる3段階論でよく知られる。これは認識の発展を①現象祖述、②構造理解から③運動法則の把握、に「弁証法的に発展」するとしたもので、武谷技術論として知られる「技術を自然法則の適用」とする理論とともに著名である。こうした理解はむしろ通俗的な科学主義であり、科学が直線的に発展しないと考えるトーマス・クーン(Thomas Samuel Kuhn 1922〜1996年)の「パラダイム論」以降は牧歌的な感を否めない。ただし自然科学の認識的進展が弁証法的唯物論の公式で一見「回答」できたかの幻惑にはなり、武谷の科学論は大きな知的影響力を持った。戦時下には原子爆弾の開発にもかかわっていた。終戦後は鶴見俊輔「ベ平連」(→注27)らと『思想の科学』を創刊。星野芳郎編『武谷三男著作集』(全6巻、勁草書房、1968〜1970年)を参照。

112 1920〜。科学史の研究から出発し、『思想』(岩波書店)などに近代科学の特質を論じる研究を発表していたが、このインタビューに触れられているようにマルクス主義文献の翻訳者としてよく知られた人物となった。ボルケナウ(→注114)の方法に極めて近い考え方で科学史を把握し、科学的認識とその理論内容を思想的特質に概念化し(ボルケナウの言う思惟構造)それが社会的生産のあり方の表現であると考える方法を展開した。『相対性理論』(近代科学社、1949年)、『原子論』(大月書店、1955年)のような著作もある。若くして共産主義運動に関わり、一貫して日本共産党の立場を支持した。『マルクス数学手稿』(大月書

店、1973年）の翻訳もある。70年代中期から風靡する近代科学と科学論の再検討以降、残念ながら完全に沈黙を守る。

113
1913年～。社会思想史研究、とくにアダム＝スミス研究では国際的に著名である。東京商科大学で高島善哉（→注100）に学び、高島の「近代の社会論理を市民社会の体系として理解する」側面と「講座派マルクス主義と近似の近代ブルジョア社会の理念化と批判的原理化」のバランスのうち、後者にやや傾斜したような知的出発をしたように考えられる。水田の初期の業績である『近代人の形成――近代社会観成立史』（東京大学出版会、1954年）や現在でも版を改めて読み継がれる『社会思想小史』（最新の新稿版はミネルヴァ書房、2006年）は意外に機械的なマルクス主義的教科書の風貌を持ち、前者はボルケナウ（→注114）の大きな知的影響の下にある事実がありありとうかがえる。膨大かつ多方面にわたる研究業績や訳業は、水田の存在を抜きにして戦後日本社会思想史研究はありえなかった事実を喚起させる。既成のマルクス主義的社会認識の超越を目指しつつも、結果的にはその範疇に収まってしまう知的営為ではあったが、思索の過程をすべて著作や訳書で社会と共有したと言っていいかもしれない。名古屋オリンピック反対運動など市民運動にも積極的にかかわった。

114
フランツ・ボルケナウ（Franz Borkenau 1900～1957年）。社会思想史家。ウィーンに生まれる。日本ではしばしばオランダ人と誤解されているが、ドイツ人である。ただし彼の研究にはオランダの自然法学者や神学者の分析が多く登場する。フランクフルト社会研究所の委嘱で執筆した大作『封建的世界像から市民的世界像へ』（水田洋（→注113）や菅原606、みすず書房、1965年。なお『近代世界観成立史 封建的世界観から市民的世界観へ』として横川次郎、新島繁訳で叢文閣から1935年に一部の翻訳は出ていた）は副題にあるように「マニュファクチュア時代の哲学」の意義を論じて圧倒的な影響力を後世に与えした。社会思想や自然科学は歴史的に一貫した発展を遂げる側面よりも、マルクス主義に固有の有する側面の方が大きく、マルクス主義の素朴な反映論に基づく科学発展論では説明のつきにくい問題とされてきた。ボルケナウはこの難問を「思惟構造」という論理領域を導入することで解決しようと考えた。人間の生活は固有の生産関係を生み出し（ここまではマルクス主義の通例の考え）、特殊な生産関係はそれに照応する固有の「ものの考え方の特質＝思惟構造」を生み出して、それによって外的世界を把握し表現する、と考えた。政治学者。ドイツ共産党員、1933年にイギリスに亡命し、1936年、スペイン内戦の人民戦線側に参加。戦後、西ドイツに帰りジャーナリストとしても活動。

第1部　人民戦線・「田口・不破論争」・名古屋知識人

115　1906〜1986年。京都帝国大学文学部卒。同志社大学予科教授時代に和田洋一などとともに『世界文化』(→注53)を創刊する。訳書も多い。戦時下の体験を踏まえた同時代論に『思想の現代的条件　一哲学者の体験と省察』(岩波新書、1972年)があり広く読まれた。『真下信一著作集』(全5巻、青木書店、1979〜1980年)。『倶会一処　真下先生を偲ぶ』(真下先生を偲ぶ会実行委員会、1985年)に詳細な年譜と著作目録が収録されている。

116　1923〜2009年。憲法学者。東京商科大学卒、名古屋大学名誉教授。マルクス主義の立場から憲法研究に取り組み、「日本国憲法」における普遍的な価値を人類史において「一般民主主義」の継承として積極的に評価する議論を展開した。この観点は、「常識的見解」に見られかねないが、マルクス主義の古典的理解ではブルジョア民主主義の限界と階級的性格を批判するタイプの論点を生む傾向があるため、一種の「方向転換の指針」になった。「マルクス主義市民社会論」の法学的存在形態であるとも言えるかも知れない。長谷川はこの立場から『日本の憲法』(岩波新書、1961年、第2版・1977年)『昭和憲法史』(岩波書店、1994年)をはじめ影響力のある著作を精力的に執筆した。政治活動にも積極的であった。

117　1924年〜。歴史学者。東北帝国大学卒。名古屋大学名誉教授。戦後のマルクス主義歴史学の再出発において社会構成体の一般的理論を日本史研究で実証しようとした世代を代表する研究者。寄生地主制の研究から出発し、『古代専制国家の構造』(御茶の水書房、1958年)、『アジア的生産様式論』(御茶の水書房、1970年)を執筆。いずれもマルクスによる日本史理解の難しい論点であった。「アジア的生産様式」はマルクスの『経済学批判序文』に書かれた人類史の発展段階上の社会構成上の仮説であるが、曖昧な表現で書かれているばかりか「アジア」という地理的標識がついているため「人類史の一般理論」を考える上でどのように理解すべきか難解かつ矛盾的で、1930年代にソ連社会主義に先行するロシア社会をどう理解するかの鍵概念として注目を受け論争が行われた。1950年代後半に入ってソ連で中ソ論争の中で今度は中国社会を「アジア」概念で把握するオリエンタリズム的偏見を伴ってこの論争が劇的に復活した(福富正美『アジア的生産様式論争の復活　世界史の基本法則の再検討』、未来社、1969年、を参照)。塩澤は「貢納制を伴う奴隷制の存在形態」としてこれを理解し、日本の古代専制国家にこの概念を適用するだけでなく、「アジア」地域に限定されない「一般的史的段階」と理解した。なおインタビューで触れられている『日本資本主義再生産構造統計』(岩波書店、1973年)は日

118　1905〜1986年。東京帝国大学文学部卒、東北大学名誉教授。現在の社会史研究の先駆者の一人で日本中世史を研究した。マルクス主義の立場には立たないが、農村共同体や農民生活の実態、土一揆などを歴史学的（つまり民俗学的にでなく）研究したこともあって、マルクス主義歴史学にも大きな影響力を有し、経済史の通史の著作もよく読まれた。戦国領主の農民支配や検地の研究などは『近世初期農政史研究』（岩波書店、1938年）にまとめられ、1970年に再版されて以降も大きな影響力を持ち続けた。中村の論証した論点と格闘するなかで安良城盛昭1993年、元沖縄大学学長）の「太閤検地＝封建革命説」や黒田俊雄（1926〜1993年、元大阪大学教授）の「権門体制論」など戦後歴史学を代表する論争的見解も生誕した。

119　1927年〜。北海道大学理学部卒。名古屋大学理学部教授、中部大学工学部教授を務め、名古屋大学名誉教授。『雪と氷の世界から』（岩波新書、1985年）など著作も多い。地球温暖化の研究を先駆的に行った。

120　1900〜1962年。東京帝国大学理学部卒。北海道大学理学部教授を務める。人工雪をはじめて作り、雪の結晶や低温科学の分野のパイオニアとなる。同時にエッセイストや科学映画の製作でも知られ、中谷プロダクションはのちの岩波映画製作社に発展的継承がされる。

121　1922〜1977年。東京大学経済学部卒、名古屋大学法学部教授を務める。マルクス主義の立場に立つアジア政治思想史、日本思想史の開拓者。丸山眞男の政治思想史をマルクス主義から批判的に継承しただけでなく、アジア宗教の比較史的に検討する。ウェーバー社会学の「型」論的理解から一般史的な展望から日本を含むアジア宗教や哲学史を実証的に再検討した精力的業績を残し、比較的若くして夭折した。その学問は大きな裾野を持ち、本格的に評価されるべき研究者である。なお『故守本順一郎教授略歴および研究業績』（『名古屋大学法政論集』77号、1978年）、安藤良雄編『守本順一郎—思想史への道なかばに』（刊行会、1979年）を参照。

122　1920〜1990年。政治学者。京城帝国大学卒。名古屋大学教授を経て愛知県立大学学長を務める。著作に『近代政党史研究』（勁草書房、1960年）など多数。

123 1923年〜。名古屋大学名誉教授。中木は『フランス政治史』(全3巻、未来社、1975〜1976年)でもって著名なフランス政治史研究者である。しかし学問的な出発は経済史研究にある事実は意外に知られていない。とりわけ初期の大作『フランス絶対王政の構造』(未来社、1963年)はしっかりした線で引かれた重厚な傑作で、フランス史の研究領域を超えて大きな影響力を持った。フランス絶対主義を、半封建的な小領主階級の総結集的独裁形態として把握し、絶対主義を勃興しつつあるブルジョアジーと没落しつつある封建領主の均衡の上に立つ「公的権力」とする見解を強く批判した。実はこの観点は芝原拓自〔→注136〕の明治維新論を髣髴させ、日本史研究者に決定的なヒントを与えたと考えられる。中木のフランス絶対主義認識を一般理論にすれば、星埜惇(1923年〜、元福島大学学長)の『社会構成体移行論序説』(未来社、1969年)の絶対主義論になる。星埜はマルクスの『経済学批判序文』の再読から絶対主義=半封建権力独裁論を作り上げたかに見えるも、実際には中木の著作がヒントになっていたと思われる。歴史学において「講座派マルクス主義」〔→注25〕は1970年代に没落過程を辿るわけであるが、中木・星埜、そして上山春平(1921年〜、元京都国立博物館長)らの明治維新「初期ブルジョア国家論」を批判した下山三郎(1926年〜、東京経済大学名誉教授)は中木の議論

を引き延ばして絶対主義=半封建制権力論を再構築してゆくことにはなる。この見解は70年代中後期に完璧に否定されてゆくことにはなる。なお『中木康夫教授略歴・主要研究業績』『名古屋大学法政論集』110号所収、1986年)を参照。

124 1925〜2011年。アメリカ外交史研究者。京都大学法学部卒、名古屋大学名誉教授。『アメリカの対日参戦――対外政策決定過程の研究』(ミネルヴァ書房、1967年)など。

125 1874〜1930年。東京商科大学卒。ドイツに留学し、ミュンヘン大学でルヨ・ブレンターノ(Lujo Brentano 1844〜1931年)に師事し、博士号を取得する。東京商科大学、慶應義塾大学教授を務め、晩年には東京商科大学教授に復帰した。福田の出発点は資本主義的な矛盾を解決するための社会政策を経済学的に弁証する点にあった。福田の学問を厚生経済学として再把握されるのはそのためであるが、経済的主体としての企業や労働組合の社会政策の領域を確立することにも努めた。労働権の擁護、労働組合の公認など労働者の権利保護にも寄与し、大正デモクラシーの時期には大山郁夫(1880〜1955年、早稲田大学教授、政治理論研究の先駆者の一人。戦前には労働農民党委員長、戦後は参議院議員を歴任)とともに黎明会を組織した。社会政策学会会長なども歴任した。福田に関する研究

伽藍が赤かったとき ―1970年代を考える―

は数多いが金沢幾子編『福田徳三書誌』(日本経済評論社、2011年)をまずは挙げておく。

126 1881〜1927年。東京商科大学卒。ドイツに長く留学し、帰国後、東京商科大学講師、左右田貯蓄銀行頭取、貴族院議員などを務める。左右田の思想史的意義は資本主義以降の社会統合のための倫理的基礎を検討した点にある。共同体的な秩序が崩壊したあとアスクリプティブな統合原理に替わるものは何であろうか。私的利害を極大化すると社会的であるのは予定調和し、経済的にも均衡するとしたアダム・スミスなどの議論には言うまでもなく倫理的前提が存在した。人間は分業と協業によって社会的存在として立ち現れる以上、人間は個として完結せず共感をもって他者とかかわり合えるとするわけである。しかし資本主義、資本関係を媒介する貨幣はそうした理論的前提を突き崩す性格をももっている。まず貨幣は分業化された人間を媒介するわけではあるが、分業化されているということは個別化されているわけであり、人間的共感の仮説とは合致しないわけである。左右田はこのパラドックスを自覚して貨幣論を構築したように考える。というのは貨幣、とりわけ信用貨幣(左右田の時代にはまだ兌換性があった)は、貨幣そのものに「金のような価値が含まれている」のではなく、言ってみれば「社会的評価を金額標示したもの」に過ぎないからである。そしてこうした貨幣で標示されるものとは、要するに「社会的な価値の評価」であり、間主観的にしか表示されない性質を有している。貨幣とは価値判断に他ならないのであり、個人的な利害を超越した「社会的な」価値判断ですらある。とすれば、貨幣は数量化された「社会的な」価値であることになり、貨幣で標示された価値を高めることは創造的な活動ということになる。このように左右田の貨幣論を理解するとすれば、ある部分までマルクスの貨幣論と触れ合うと言ってよい。マルクスならこの論点から資本主義的生産関係の矛盾を指摘し、貨幣の物神性などから疎外論の論理を組み立てて行くのであるが、左右田の場合は、価値単位としての「貨幣」を肯定する行為に「徳」を哲学的に措定する論理構造になっている。

127 1888〜1966年。慶應義塾卒。福田徳三(→注125)の慶應義塾時代の教え子で福沢諭吉にも個人的に師事した。長く慶應義塾長を務める。とくにリカード経済学の研究と翻訳で大きな業績を持っているがマルクス主義の批判家としてもよく知られ、『共産主義批判の常識』(講談社学術文庫、1976年)は初版が1949年に刊行されて以来のロングセラーとなっている。ただし理論的にはマルクス主義の考えそのものに対してよりも、このインタビューでも議論されている労働価値論の実体版、すなわちリカード派社会主義の全労働収益権説(→注90)批判として当を得ているように考えられる。マルクス主義の政治論批判は、林

104

第1部　人民戦線・「田口・不破論争」・名古屋知識人

128 達夫（1896～1984年、批評家）の「共産主義的人間」（初出は1951年）にもヒントを与え、後年の勝田吉太郎（1928年～、京都大学名誉教授）に継承された「自由」の洞察を踏まえた議論を展開し、古典的な位置を占めている。

129 1898～1980年。東京商科大学卒。一橋大学学長を務める。ボン大学に留学し、シュンペーター（Joseph Alois Schumpeter 1883～1950年）に師事する。『中山伊知郎全集』（全18巻、講談社、1972～1973年）シュンペーター、ケインズ（John Maynard Keynes 1883～1946年）などの研究、翻訳にも大きな業績を残し、現代経済学を日本に確立させた重要な人物である。

130 1892～1977年。東京商科大学卒。一橋大学名誉教授。経済学者としてはマーシャル経済学・研究者として知られるが、専門よりも社会思想家としてよく知られている。すでに戦前の『日本資本主義発達史講座』〔→注25〕に執筆していたが、治安維持法違反で逮捕された経歴もあって、抵抗運動史や社会運動史の著作も多い。歌人としても著名である。『大塚金之助著作集』（全10巻、岩波書店、1980～1981年）。第10巻に著作目録と年譜が収録されている。

131 1893～1977年。東京商科大学卒。小樽商科大学教授などを務める。大熊の経済理論は基本的にマルクスの経済学における資本主義的労働と労働者の存在形態を「自由人（エージェント）」の仮定から批判したものと理解することができる。『社会思想家としてのラスキンとモリス』（1927年初版、論創社、2004年）などがある。

132 1896～1974年。東京商科大学卒。一橋大学名誉教授。経済学者。開発途上国における工業化過程と先発国との関連を雁行形態理論として知られる定式化をした。これは消費財工業品の輸入に始まり、そのプラント輸入と自国生産に以降、やがて輸出に至り、生産財が次に同じプロセスを辿る、という経験則をまとめたもの。数多くの著作があるが、池尾愛子『赤松要 わが体系を超えてゆけ』（日本経済評論社、2008年）という評伝がある。

133 1901～1952年。東京商科大学卒。東京商科大学教授を務める。マルクス主義経済学から出発し、計量経済学の先駆的紹介者になる。『近代経済学の解明』（全2巻、岩波書店、1982年）は1950年に原版が出て以降、経済学史の名著として読まれ続けている。

134 1985～1948年。経済哲学者。東京商科大学卒。杉村は一橋大学関係者以外にはほとんど忘れられた人物である。左右田喜一郎〔→注126〕のゼミに学び、博士論文の受理をめぐるトラブルが契機になって大学を去る。その後実業界で活躍するが若くして夭折した。

135 1917～2002年。東京商科大学卒。一橋大学

135 1933〜1976年。愛知大学法学部卒。名古屋大学法学部助教授を勤める。憲法学をマルクス主義法学の立場から研究し、『現代憲法学の理論』(日本評論社、1967年)などを著す。若くして夭折した。『国家イデオロギー論』(青木書店、1973年)は国家の「共同幻想論」などを比較的原則的なマルクス主義の立場から批判した論集である。立正大学法学研究室「影山日出弥助教授の略歴と著作目録」(『立正法学』11巻1・2号、1978年)を参照。

136 1935年〜。日本史研究者。京都大学文学部卒。名古屋市立大学教授、大阪大学教授を務める。明治維新を封建制の全般的危機における領主層の反動的総結集として把握した『明治維新の権力基盤』(御茶の水書房、1968年)をはじめ明治維新研究を新しい局面に高める。この議論は本百姓体制が階級分解によって崩壊し幕末には「世直し状況」が生まれていたとする佐々木潤之介(1929〜2004年、一橋大学名誉教授)の見解のネガ画像である(『幕末社会論「世直し状況」研究序論』塙書房、1969年)。さらに『所有と生産様式の一般理論』(青木書店、1972年)は60年代の経済史研究の到達点を踏まえた通史的教科書の試みでよく読まれた。『日本近代化の世界史的位置 その方法論的研究』(岩波書店、1981年)は明治維

137 1922年〜。東京帝国大学医学部卒、東京理科大学名誉教授。漢方医学のパイオニアの一人で『漢方』(岩崎書店、1956年)はじめ著作が多い。

第2部

勝利したチリ人民連合のアジェンデ大統領

1970年代を考えるための概論的序説

小島　亮
岩間　優希
影浦　順子

1970年代を再検討するために

小島　亮

70年代前半から中期に至る「人民戦線」への夢想と期待は、後半の保守の劇的回復、決定的には80年6月22日の日本史上初の衆参同時選挙での自由民主党圧勝によって完璧に逆転するに至る。だが、この70年代の前後半に対象的な政治状況は、ともに同一の政治的空間において巻き起こった二つの局面であって、むしろ政治的制度化が「戦後的な "憲政の常道"」に窯変した事実を雄弁に物語っている。仔細に再検討をすると、70年代は見かけとは相違して80年代以降の社会的・政治的特質の多くはすでに現前しており、あえて「過渡期」を求めれば、その前半のわずかな期間に限定され

政治の季節としての1970年代

日本現代史における1960年代を「政治の季節」として捉える知見は通念になって久しい。しかし1970年代も、まったく異なったタイプとは言え「政治の季節」以外の何ものでもなかった事実は改めて見直していいのではなかろうか。今日、60年代の熱気に満ちた政治的争乱は、70年代に入ると急速に冷却し、80年代の保守全盛期に移行する過渡期としてのみ印象されているようである。この観点からすると、70年代は時代としての個性を看過され、独自のメカニズムと意義を有し

た重要な時期であった事実を忘却されがちになってしまう。大きな過渡期であったと言え、70年代にはその後の社会的展開をマクロに規定する政治的制度化が行われ、私見によれば、派手な街頭戦から街頭演説に姿を変えたとしても熱気溢れる「政治の季節」は現出されていた。

るように思われる。むしろ60年代の街頭戦を「過渡期における政治の存在形態」と規定してしまえば、70年代こそ「再編された政治の始期」であると評価できないだろうか。疾風怒濤の60年代政治に対比した場合、70年代は枠に嵌った「ビーダーマイヤー時代」のそれと見えるかも知れない。だが、過剰な政治的熱情は、冷めた政治的現実に収束される日は必ず来る運命を持つ。「政治的に実現する」とは「熱血漢」から「愚直な人」への転向としても現象するのも歴史の真実だろう。

政治の本来的役割が全体社会の統合にあるとするパーソンズ社会学の通念に依拠すれば、70年代は政治機能の顕著に発揮された時期でもあると考えられ、「文化の政治化」、「経済の政治化」、そして「社会の政治化」も進展した。ユネスコが「文化権」を「人間の権利」に設定したのは1968年であるが、その年は「明治百年」をめぐるホットな論争の渦中にあり、大阪万博以降、文化は政策的課題の中心に躍り出る。同時に文化運動が30

年代以来再び左翼の大きな課題となる。経済の政治化は原田泰の言う「70年体制」の確立に現れ、社会の政治化は、松下圭一の『シビル・ミニマムの思想』(東京大学出版会、1971年)を具現化した革新自治体や既成自治体の「サービス行政化」に見ることができる。そうした政治機能の突出の中において70年代を見直して考えれば、「人民戦線」へのユーフォリアを社会構造の転換の中に位置を定められると思う。

生きた現実を切り取って10年単位(デケイド)の指標で把握するには、必ず「長い*年代」や「短い*年代」を想定せねばならなくなるように、これは便宜上の使用法に過ぎない。戦後日本の場合、より典型的には50年代がそのケースに該当すると言ってよく、70年代と同じく前後半は対照的ながら、50年代の後半期はその後の時代とむしろ続きの特徴を持ち、50年代を通じて総体として形成された社会的・政治的特質こそ60年代を決定づけた。いずれにせよ、70年代を「政治の季節」として

70年代の始期と主たる場所
——60年代との対照において

70年代は二つのはっきりと記憶される画期的事件によって始まった。ひとつは3月14日に開幕し半年間開催された大阪の万国博覧会であり、今ひとつは、万博の終焉直後、11月25日に起こった三島由紀夫事件である。
1950年代の半ばから始動した、60年代末には同時代の世界第二の経済大国に変貌した。大阪万博はさしあたりその事実を国外よりは国内で承認するイヴェントであった。吉見俊哉の強調するよ

うに72年の沖縄返還に伴う75年の沖縄海洋博をこれに加えてもいいかも知れない。60年代後半の社会矛盾の激化と新しい政治的主体の登場は、経済的近代化に伴う社会的不均衡を回復する動向であった思われる。60年代は安保闘争で始まったのに反し、70年代が計画された会場で鬨の声をあげたのは何としても象徴的である。60年安保闘争は、国会包囲などの象徴的な行為を伴っていたために過剰評価されがちであるが、私見では、60年安保は高度経済成長に伴うナショナリズムの発露であって、保守的かつ政治的に低段階の騒擾であった。それは21世紀に続発する中国の反日デモに相似形を見るようなものであり、政治的運動としては文字通り過渡的な形態であった。安保闘争直後に「前衛不在論」なる議論が論壇で盛り上がったが、これはむしろ「政治的未熟論」と命名すべきであり、社会構造の全体としての変貌を政治的に組織化する展望が見えないギャップこそが60年代

再認する出発点から、60年代との継続と断絶、そして80年代への継承関係を明白にし、「政治」そのものの70年代的特質をはっきりさせてみたい。比喩的ながら、60年代は基本的に「ゲリラ戦」の時代とすれば、70年代前半はグラムシの言う「機動戦」、後半は「陣地戦」の時代として考えられるのではないだろうか。

の「政治の季節」の所以であった。

いずれにしても安保闘争で始まった60年代の政治の舞台となったのは大学と街頭であった。まず大学であるが、経済的成長に伴って大学数も学生数も急増しながら、それに見合う教育条件は整っていなかった。旧帝国大学では、戦前以来の大学文化人と学界の権威的支配を根本的に改変できないまま、60年代の大学教育の大衆化を迎えた。旧帝国大学などでは、戦前のエリート養成機関時代には想像すらつかない前代未聞の激烈な受験競争が大衆的に行われ、いわば近代的な大学入学の制度化が進捗していたのにかかわらず、大学の内実は旧態依然の「帝国大学」であった。学生たちは体感したのであった。しかも制度的権威を形成していた大学知識人の多くは戦後革新の司令塔を務めていた批判的啓蒙主義者（広義の近代主義者や「正統派」マルクス主義者）であったため、大学の虚構性は極限のように印象された。これが大学再編でなく解体論を標榜し、「戦後民主主義の虚妄」を駁撃する知的形態を産むことになった理由である。

街頭は既成の体制的政治運動の枠内では社会矛盾を包括できなくなった事態を象徴していた。60年代の後半期、街頭や駅頭で行われたデモ、集会から市街戦の主役は、どの政治集団にも属さない「ノンセクト・ラディカル」であり多様な市民連合を即時に結成して離合集散を繰り返した。これは学生運動の全共闘とタイアップして「現代の英雄」となった。

70年代の登場人物

70年代の政治的主役は、明らかに60年代の登場人物たちではない。「大学と街頭」から生まれた自由知識人や活動家たちは、基本的に政治的組織に包括され、反対に「よど号」事件やあさま山荘事件を巻き起こす連合赤軍のようにテロリスト集団と化して自滅の道を辿ったものもいた。すなわち既成の政治団体・党派へのラディカリズムの包

含むと組織化が急激に進み、それらが大きな力を発揮するようになったわけである。これには60年代後半からの革新自治体の成功も後押しし、大衆的支持を獲得するとともに、既成左翼政党そのものの変貌をも結果したのであろう。特に焦点となったのは日本共産党であり、60年代を通じてわずか一桁の議席を確保していただけの勢力だったが、69年の32回衆院選挙で14議席を獲得、72年の33回衆院選挙では38議席を獲得、一気に議会の野党第二党に踊り出て国政に緊張感が走ったのである。「人民戦線」、当時の日本共産党の採用した用語では「民主連合政府」なる青写真は、このユーフォリアのもとに現実味を帯びて実感されたのであった。ここでは「人民戦線」の用語を採用して「統一戦線」を含むものと理解したい。後者は戦術的かつ部分的な含意があるのに対して、前者は戦略的かつ政府形態の選択肢をも標示するやや規模の大きい展望を持ち、実際に30年代の左翼連合政権は「人民戦線」と自他称されているから

した「沖縄を返せ」のシュプレヒコールは、72年

側陣営の急速な産業的再編や政治的低迷は「ファシズムの危機」を想起させた。73年のチリにおけるアジェンデ人民連合政権（70年に成立）のクーデターによる倒壊とそれに続くピノチェト政権の酸鼻な白色テロは、あり得るかも知れない日本の近未来になぞらえられ、若干のロマン主義的ヒロイズムも加わった革命神話は今や投票箱に集まる数字に凝縮しているかに認識させたのである。この時期、街を埋め尽くした秩序の取れたデモの隊列は先頭にヴェトナム民族解放戦線の旗をたなかせ、怒涛の「ベンセレーモス」の大合唱を響き渡らせていたものである。もっとも一時期を風靡

である。70年代に少なくない人間（学生だった私もその一人）を熱狂させたのはまぎれもなく「人民戦線」への渇望だったのである。人民戦線への希求がファシズムへの闘いと表裏していたように、70年代の前中期を通じて総体的に東側陣営の優位で国際情勢は推移していたためもあって、西

の返還によって消滅し、「われわれは闘うぞ」などと言った正体不明のスローガンを虚しく叫ぶだけだったのではあるが。空中に消えて行く抽象的な標語はその後の街頭の沈静化を予告するものだったかも知れない。やがて、赤ならぬオレンジのユニフォームに身を固めた無個性な連中が空疎なウグイス嬢の黄色い声をバックにして現れるとき、国民は一つの時代が彼方に過ぎ去った事実を知るに至るだろう。争乱を極めた街頭も「歩行者天国」に秩序化されて制度に取り込まれたのも1970年であった事実も忘れてはならないだろう。71年にはマグドナルドの店舗が街頭にお目見えし、「ホコテン」は日本資本主義の再生産過程における「ハレの場」に変貌して現在に至るわけである。

て大学の格差は数字上埋められる制度的努力がなされた結果、逆説的に大学の格差は盤石のものとなった。日本の地方的個性が漸減し、「都会と田舎」に二極化した動向とそれは触れ合っているだろうか。かくて大学は同一の評価基準で判断される「似たり寄ったり」のものに化し、偏差値評価に沿った序列化を見ることになる。これとタイアップして受験産業の徹底的な制度化も進捗し、大学紛争の過剰性は逆説的に過剰な受験戦争に変形される事態となった。大学紛争の闘士に代わり、小学校以来の受験勝者がちやほやされる世相や、1979年の国公立大学入試共通一次試験の導入はまことに70年代の光景以外のなにものでもない。さらなる皮肉は、大学紛争世代の造反学生が受験産業と80年代以降の偏差値上位大学教員の双方で制度化された知的大権威に変身し、偏差値下位大学は専門学校と高校再履修校に化けて日本の大学から自由な知的空間は死滅寸前の事実であろうか。

大学の帰趨

大学人として70年代の皮肉な結末を書いておこう。70年代を通じて、公費助成の整備などによって大学事務部もこの時代以降、しばしば

ゴーゴリの作品の主人公を髣髴させる小役人タイプによって占められるようになり、学界もルーチン化してレフェリー制を厳格にする学術誌も登場した。査読論文、教員公募、さらに教員評価(エヴァリュエーション)など現在おなじみの大学の制度は80年代以降に確立するも、70年代は公費助成の拡大によって私学の「特殊法人」化とセットになって大学の制度化への下地は進捗したのであった。こうした制度化には全共闘世代の往年の大学解体論者は同一人物である場合も往々にして散見される。安物の量販スーツに身を纏った「大学教師ビーダーマイヤー氏」が、加齢臭のぼり立つ「事務官僚ビーダーマイヤー氏」の顔色を見ながら、偏差値よって均一化された大学生ならぬ子供相手に実務教育を講じる光景も誕生したわけで

大学知識人への暗いルサンチマンが横たわっていて、官僚タイプの中性化されたニヒリズムは大学紛争の陽性のそれと意外な継承関係も見て取れる。70年代以降の大学官僚制の担い手と60年代の

ある。大学教師への企業人の雇用もこの事態とタイアップしていたことは言うまでもない。60年代にはタブーであった「産学協同」は70年代を通じて徐々に水面下で拡大し、80年代には宣伝文句にもなって「筑波大学方式」を制度的に導入された記憶も冷めないうちに、日本中の高等教育機関は一切合切「筑波大学のミニチュア」に化けてしまったのである。

まったく穿った見方ながら、三島由紀夫の割腹は60年代のラディカリズムに殉じた自死であったかも知れない。通例、迫り来る左翼の台頭に焦り彼の信奉するナショナリズムの孤立を感じていたと評価されているのであるが、『仮面の告白』(1949年)の作者における「ナショナリズム」は少なくとも制度化された近代的国民の編成とはまったく別物である。ナショナリズムそれによって自分を超える物語を紡ぎだす場合もあるし、逆に物語を脱色する場合もある。三島は

60年代を通じてマイノリティとしてのナショナリストに劇的空間を架設し、同じくマイノリティとしての非体制左翼に似姿を見いだしたものの、いずれも60年代の終焉とともに急激に「組織化」されて行く実感を否めなかったのではないか。

いずれにしても組織化された制度的左翼、急速に体制内化しつつあった右翼、この両者の接近戦こそ70年代「政治の季節」の舞台を形成したわけである。80年代に3回組閣して異端から正統に変貌する中曽根康弘などのナショナリストと70年代の左翼の国会進出を同じ構図の二つの側面として眺める視角を要すると思われる。一種の公設リングでの「スポーツ」として封じ込められた過剰さは、三島由紀夫、連合赤軍の二つの象徴的事件によってあらかじめ「場外に放逐」する必要があった。既成の制度化された左翼政党の国会進出と人民戦線のユーフォリアは、言ってみれば、戦後体制の安定的確立の裏面であり、70年代後期から始まる保守回帰は「投票用紙に記載する名前を書き換えた」だけの話であって本質的な転換であったわけではない。

70年代の終焉

ところで70年代の終焉も始期と同じくはっきりと記憶に残る事件で画されている。それは79年12月24日のソ連によるアフガニスタン侵略に他ならない。この事態は70年代の冷戦を判定勝ちしていた東側陣営が10年後にノックアウトされる伏線を作った画期的事件で、これを契機に「新冷戦」に突入する様相を国際関係は呈することになる。80年代のスターウォーズ計画やコンピュータ技術革新(マイクロソフトやアップルの創業はいずれも70年代中期で、本格的事業展開は80年代である)、70年代の敗者復活戦で起死回生を遂げた西側の象徴であり、70年代の勝者の論理を確信していた東側、とりわけソ連は「勝者必衰の理」をアフガニスタン侵略以降味わうことになる。日本に話を戻すと、70年代末の大平正芳内閣、80年代

の3回にわたる中曽根康弘内閣によって「戦後の総決算」＝高度経済成長政策の修正が体制的に成功し、いわゆるバブル経済に湧く状況を醸し出す。70年代の革新自治体や社会保障の充実は「大きな政府」をさらに巨大にしてしまったため、財政難や非効率は、ＯＡ化や省力化の課題とミスマッチすることになった。高度経済成長政策の失速後も国家権力は裾野を広げ続けたから、これをファイナンスするためには、「小さな政府」への軌道修正は不可避となった。ただし70年代の「人民戦線」への対抗のためには社会民主主義的施策の継続は政治的にやむを得なかったため、結局、赤字公債などの禁じ手を通じて歳入を賄う他になかった。珍妙な構図であるが、70年代の再編保守政権は財政破綻したチリ人民連合政府に近似するマクロ財政政策を実施する宙乗りを演じたのであった。70年代を通じて官僚制の裾野の拡大と変質をもたらし、制度的な選択肢を用いた先進国革命の展望にもつながったのは、こうした背景も有していたと見る

べきである。70年代末期に登場する大平内閣の「近代の超克」は総決算ならぬ棚卸しとしてこの時期にどうしても通過せざるを得なかったのである。ただし日本にはピノチェトもシカゴボーイズもいなかったから、社会民主主義的政策の放棄は根本的にはできず、官営セクターの民間企業化も中途半端で、資本の流動性を高めるマネーゲームのみを招来し、バブル経済の序曲を作ることになった。その反面、赤字公債は発行され続け、驚くべきこととながら、戦後政治の総決算は自民党内の異端自由主義者に提唱されるたびに、革新を名乗った戦後保守本流によって（民主党などの別党派の形態を取ったとせよ）圧殺され続ける状況を生んだのであった。

このような見方を取る限り日本における「70年代の終焉」はいまだ存在していないとするのが正しいのかも知れない。もう少し社会科学的に厳密な言い方をすると、60年代の産業化の矛盾を補填

第2部　1970年代を考えるための概論的序説

する社会民主主義的政策は、むしろ70年代に制度化された。この制度化はネガ版「人民戦線」とも称すべきマクロ財政政策によるものであるが、一定の資本流動化と赤字公債の累積を両輪として行われ、実は21世紀初頭の小泉内閣の登場まで問題点の先送りを一貫して続けられていたのであった。小泉も「戦後の総決算」ならぬ「70年代の超克」に挑んで挫折を味わったとすれば、70年代の延長線上に21世紀の日本は存在し続けている事実が浮かび上がる。

70年代の思想的特質

70年代のイメージの曖昧さを作り出す要因のひとつは時代をぴたりと表現する思想的キャッチフレーズに事欠いている点も与っている。60年代は「近代化論（モダナイゼーション）」VS「反近代（アンチモダン）」、80年代は先述の「近代の超克」や「戦後の総決算」、そして大学紛争時代の「若者たちの神々」による「脱近代（ポストモダン）」など、

時代を表象する明示的記号に恵まれていて、コトバだけで時代風景を髣髴させる。これに対して70年代は適確な標語で把捉するには曖昧で、とらえどころに欠く事実は否めない。しかし私は近代的制度化＝「近代の推進（プロモダン）」としてこの時代をキャッチフレーズ化して大過ないと考えている。その理由は上述の説明の繰り返しになるので再論は避けておきたい。

なお「社会の近代制度化」が顕著に進展したデケイドとして70年代を把握する視点は、この時代を静止的に見る観点とは無縁である。むしろダイナミックな不安定動因が、総体として制度的な枠組みに収斂する「動態的均衡」を示唆している。70年代中期に計画され小規模には実行された公務員の「スト権スト」などは「社会の近代的制度化」を考える格好の素材になるように思われる。公務員や当時三公社五現業と称された公共企業体の労働者は1948年7月に連合国軍最高司令官総司令部が発した「政令201号」によって争議行為

を行う権利を奪われていた。70年代に入ると「遵法スト」などと称するサボタージュすれすれの微妙な戦術によってこれらの業種の労働運動は進展した。禁止された争議権を撤回させるために「違法スト」を敢行する矛盾した様相こそ、70年代の「制度的近代化」の複雑な状況を露骨に表現していた。

この時代を通じて社会は総体として順風満帆とは言えなかったものの、アウトローは文字通り「法外」に放逐されてしまったのであった。1974年に惹起した三菱重工爆破事件などは、政治的テロルとしてよりはむしろ犯罪そのものとして看取されて社会的共感を獲得できなかったし、既成左翼の代表であった日本共産党自体が警察庁顔負けの大音声で「暴力反対」を叫ぶ時世に変転してしまったのであった。日本共産党はテロリズムを伴う革命集団やその思想を「トロツキスト」と呼称していたが、70年代を通じて「ニセ左翼」暴力集団などと言い換え始め、「ニセ」でない左翼は「暴

力を用いない」＝制度的な存在であると公認するに至った。もっとも査問などと称する私的暴力はこの政党内でずっと愛用されていたようではあったが。⑱

暴力が「アウトロー化」し「私的な事態」に70年代を通じて転位することは、「最後の政治的テロル」であった件の三菱重工爆破事件を形象化した桐山襲『パルチザン伝説』(作品社、1983年)とこの事件直前の「1973年のピンボール」(初出は『群像』1980年3月号)が象徴的に示しているかも知れない。前者を読んで気が付くことは、テロリズムにおける政治性の完璧な欠如であり、後者は人間の存在理由が「ピンボール」に集約されてしまったキッチュな「社会化された私」の描写をしたものである。この全く異なる文学世界は言うまでもなく制度化されてしまった社会的空間における「過剰性」の探求とその結末であって、二つのディメンジョンは一

の社会の両境域である。政治的・社会的空間の分離は、過剰な希求が「禁止」され、抵抗のモラルは政治的な劇空間を包摂し、抵抗のモラルは政治の論理に収斂される事態のネガとなる。かくて「反乱」は丸谷才一の『たった一人の反乱』(講談社、1972年)の有していた政治性をも喪失する。『パルチザン伝説』の中の何気ない次の会話は、すべてを象徴して見事である。

――あなたはコミュニストだったのですか、と私は穂積一作に問うた。
――いや、パルチザンだよ、と彼は答えた。

言うまでもなく戦後日本文学において、野間宏『暗い絵』(1946年)から柴田翔『されど、われらが日々』(文藝春秋、1964年)、『わが戦友たち』(文藝春秋、1973年)から稲垣真美『きみもまた死んだ兵士』(朝日新聞社、1977年)に至るまでの主人公たちにこうした

問答はあり得ない。桐山の「パルチザン」や「昭和の丹下左膳」の姿はちょっと前に形象化された政治的反抗者よりもその後のコンピューターゲームのキャラクターを想起させてしまう。少なくとも「コミュニスト」でない「パルチザン」の自認などは60年代ラディカルズの継承者たる70年代初期のテロリストたちご本人の口から聞くことはないだろう。付け加えれば、『パルチザン伝説』のテロリスト群像の家族関係は完璧に崩壊していて、完全に本間洋平『家族ゲーム』(集英社、1982年)以降の世代感覚に合致し、中野重治の『村の家』(1935年)の面影は絶無である。

その中野の『甲乙丙丁』(講談社、1969年)は島崎藤村の『家』(1906年)の続編を髣髴させる私小説であるとすれば、桐山の時代には日本的な「政治と個人」の対立構図は無化していたと読むことができる。

70年代の奈辺に画期を引くかは個人史的なバイアスもかかるが、坪内祐三『一九七二』「はじ

りのおわり」と「おわりのはじまり」』（文藝春秋、2003年）はきわめて示唆に富むコピーと評える。[19]

70年代のアジア国際関係

　社会思想や政治的世界にいずれの領域でも70年代には21世紀的な意味合いでの「アジア問題」は固有の課題としては存在してはいなかった。まず72年に日中国交回復を田中内閣は実現させるも、中国は文化大革命の混乱の渦中にあって、75年には毛沢東主席が死去、それに続く「四人組」追放と処刑をへて鄧小平による開放政策が緒に就いたのは77年の話であった。この時期までの中国は中ソ対立によって東側陣営からも孤立していたばかりか経済的には悲惨な状況にあり、低位の開発途上国とさほど変わらなかった。現在では民主主義のレヴェルでも経済力でも日本をしのぐ韓国は、朴正煕政権による軍事独裁下にあって典型的な開発独裁を行っていた。79年の朴正煕暗殺と全

斗煥による光州事件の帰趨は東アジアの不安定を印象づけ、経済成長に韓国が成功しつつあった事実は一部には気づかれていたけれども、その先駆的観察者の一人・長谷川慶太郎の『韓国の経済』（教育社、1978年）ですら韓国のGNPが「神奈川県に匹敵しつつある」と喚起していたくらいの段階に甘んじていた。75年にアメリカ合衆国に[20]勝利したヴェトナムも70年代を通じて不安定な政治経済状況を脱しきれず、「ボートピープル」を続出させて困難な状況に直面していた。要するにアジアはまだ「目覚めてはおらず」、国際情勢の大きなファクターになるよりは東西の両陣営のパワーゲームに従属するテーマに留まっていたわけである。SONYがサムスンに技術開発の後塵を拝し、韓流ブームが日本を席巻するばかりか、「反中」や「嫌中」が日本のナショナリズムと連結するなどといったい誰が夢にすら考えたであろうか。とりわけ70年代を通じて中国は日本人の大好きな国であり、中国を嫌っていたのは日本共産党

員くらいしかいなかった。日本の経済力とアメリカの政治力はアジア世界で有無を言わせぬ圧倒的な自明さを維持し、言ってみれば国際情勢における戦中はまだ終わってもおらず、戦後は始まりかけたばかりとさえ言えるのであった。

今日、世界の各地域でBRICsに典型的な新興経済地域が猛烈なキャッチアップに成功し、大前研一の言葉を使えば、明らかに「お金の流れが変わった」とすら観察される事態に入っている。おそらくは20世紀までの歴史的世界において中心国の役割を担った勢力のいくつかは——日本をはじめ——舞台から退場することになるだろう。韓国、台湾、シンガポール、香港が「アジア四小龍」として注目を受けるのは80年代であり、70年代は79年のOECDによる「新興工業国」(NICs) という規定に象徴されるように、旧植民地諸地域のいくつかに目立った経済的変動が現れた段階に留まっていた。中でも分かりやすいのは80年代以降経済的ブロックとして急速に存在感を増すAS EAN諸国のあり方とその変貌である。ASEANはそもそもヴェトナム戦争に伴う東南アジア反共ネットワークを構築する目的で1967年に結成されたものであった。ところが、その結節点であったシンガポールの急激な近代化とヴェトナム戦争後の地域的緊張緩和によって、ASEANの経済圏としての自立化が80年代以降始まり、現在に至るわけである。

アジア問題の欠如とは逆に70年代国際関係における大きなキーワードは「非同盟中立」であった。この国際関係概念の起源は1950年代に遡り、60年代には非同盟諸国首脳会議も開催されてアジア、アフリカ諸国(ラテンアメリカを加えAALA、または第三世界と総称されていた)の国際的ロビーを形成していた。しかしながら60年代を通じて東西冷戦にこの地域は翻弄される事態に抗して独自な存在意義を現すようになったのである。とりわけ重要なアクターは「非同盟中立」と「自主管理社会主義」を標榜して左翼陣営の星としてに

わかに注目されたユーゴスラヴィアであった。「自主管理社会主義」はソヴィエト・モデルに変わる社会主義の理念としてユーロコミュニズムと通じる部分もあった。理論的に「自主管理」と「社会主義」は矛盾しそうに思われたが、多くの観察者は「ケインズ政策の非資本主義版」のように思い込むことにした。またユーゴの企業は「国有」でなく「社会有」だと自称していたのも存分に胡散臭くはあったが、「個体的所有」概念の「現実化」だと自らを魔法にかけるレトリックもブレイクした。しかも「非武装中立」を掲げていた日本社会党、中ソの両国と敵対し「自主独立路線」なるものに執心していた日本共産党の両党にとって「非同盟中立」ブロックに加入する集団的安全保障のあり方は、ただでさえ非現実性を嘲弄されていた国際認識を一気に挽回するマジックワードのように幻想された。こうして「非同盟中立」のユーフォリアも現出され、それは国際版「人民戦線」の白昼夢としても機能したのであった。[21]

おわりに―ポップスを例証に―

冒頭で寸言したように、70年代というデケイドの最前期とその後では明らかに多くの相違点を有し、「長い60年代」と「長い80年代」を想定して「70年代の独自性」を無視する通念を形成してきた。本稿で述べてきたように「制度化」の過程で「制度の外」に追いやられた部分が70年代の中後期には社会から消滅してしまって断絶が明白となった面と、高度経済成長の終焉に伴う社会的成熟が60年代までの社会的ルーチンを「古い時代」にしてしまった側面が「相違」の内実である。後者について見ると、戦後揺籃期の「団塊の世代」を主役とした60年代末の大学紛争は、一種の文化革命としての役割を果たした事態に改めて気がつく。大学紛争世代における旧世代価値観の継承は当たり前の話であって、[22]むしろ本質的な問題は断絶の側面である。この時期から書物もファッショナブルな装幀で出版され始め、音楽の世界では今日に通じる音律が日本語歌詞を乗せて制作されるように

第2部　1970年代を考えるための概論的序説

なったのであった。大衆文化の領域では70年代中期の断絶は劇的でさえあった。よく私が学生にする話をここでも紹介しておきたい。まず学生たちに「皆さんはユーミンやサザンオールスターズの楽曲を聴いて「古くさい」と感じますか？」と私は質問する。日によって相違はあるも、だいたい圧倒的大多数は「古くさいなんて感じない」「ユーミンが大好き」とか返答し、わざと聞かなかった中島みゆきを溺愛する学生にもたまに遭遇する。こうなればしめたもので、「ユーミンやサザンがデビューしたのは70年代の半ばだと知っているかい」と私は話を続け、「2010年代からすると35年以上前の出来事」だったと強調する。つまりこれらの楽曲の表象する感覚は、35年間継続して現役であり続けているわけであって、ユーミンなどはやや年齢の高い「お姉さん」であっても世代の途絶した「おばさん世代」とは認識されていない事態に注意を向ける。これは私の世代にはまったくあり得ない事態であり、私個

人にとってはユーミンや中島みゆき以前の日本語の楽曲はすべて「おじさん、おばさんの世代」、美空ひばりなどは一種の考古学的趣味の域に達する異界の音楽であったのである。60年代末期に登場するグループサウンズの楽曲ですら、「いい曲」や「聴くに値する名曲」に恵まれている事実を認めても世代的な距離感を覚えざるを得ず、70年代の「四畳半フォーク」はさだまさしともども拒否反応を否めない。つまり70年代の半ば以降と以前とははっきりと日本のポップスの世界では断絶または世代交代が行われ、現在もマイナーな変転は伴っていても同じ音楽的コードが延命を保っているのである。

別言すれば、ポップスにおけるニューミュージックの革新は、サウンド基調がロックになったJポップ以降に継承されていて、今日に至るまで大きな革新を経験していない事実がここから見取れる。ニューミュージックは東京の西部から湘南に広がる新中間層の生活実感を踏まえた記号群

を歌詞コードに散らばらせ、洋楽のイージーリスニング調のメロディを変数として「新しい感覚」をシニフィエした。これを文字言語による文学にした場合、1980年に執筆され翌年刊行された田中康夫の『なんとなく、クリスタル』（河出書房新社、1981年）となる。80年代のポストモダニズムの全盛期に「記号の表層」は批評性を脱構築する再帰点のように特権化されたが、田中の作品はまさにその先駆作であった。これは固有名詞または名詞群である限り、一種のノミナリズムへの希求であるとすれば、確かにこの前後に大きな「意味を形成する場」の転換＝社会史的断絶は存在すると言えるわけである。(25)

そして思想や活字文化の多くの領域では70年代の後半から文化革命は成功して体制化し、私のような75年に大学に入学した者と2、3年後の入学者との間では異文化体験を伴うコミュニケーションが成立する。例えば、歴史学を志した私の世代の必読文献は石母田正『中世的世界の形成』、丸山眞男『日本政治思想史研究』、そして山田盛太郎『日本資本主義分析』(26)であったが、わずか2、3年後の学生にとってそうした著作は捨て去るべき「過去の悪夢」である前に「読まないでもいい」本の典型になってしまっていたのである。「70年代は現前の起点である」…これをひとまず確認しておくことにしよう。

註

1 高橋正則など『現代日本の政治構造　55年体制の変容と衆参同時選挙の分析』（芦書房、1982年）を参照。
2 日本共産党の文化官僚として文化政策を取り仕切っていた山下文男の『70年代の文化運動』（光和堂、1972年）、『民主的文化運動の道』（光和堂、1973年）はあらゆる文化領域に共産党のリーダーシップを発揮するべきであり、文化の個別領域でなく前衛政党との連携を持つべきで「完結」した運動体であると論じた評論集である。文化財保護運動や創価学会の協定なにも目を配っている。山下は共産党と創価学会の協定を共産党文化部長として促進した当人であり（山下文男『共・創会談記』、新日本出版社、1980年）、小田切秀雄

第2部　1970年代を考えるための概論的序説

と『日本共産党の五〇年』をめぐって『朝日ジャーナル』誌上で論戦した人物でもある。なお津波史研究者として著名な人物でもあり、今回の「3・11」でも地元で入院中に九死に一生を得た。私見では山下理論は蔵原惟人の「政治の優位性論」（とくにそのソフトバージョン）と寸分も変わらないものであり、文化的多元論とは無縁である。ソ連のルナチャルスキーよりは硬派な「少し真っ当な感覚をも有するジダーノフ」のような理論的性格を持つ。「人民戦線の季節」の共産党文化政策は山下に担当されていた事実は注目されてよい。

3　いわゆる保守自治体の「革新」化とも言うべき「サービス行政」をいち早くレポートしたのは五十嵐富英『立ち上がる地方　中央集権に抗して』（日本経済新聞社、1972年）である。五十嵐の『自立する「地方」　地方記者の見た戦後自治史』（ぎょうせい、1987年）ともどもこの分野では読み直されていいドキュメントである。

4　この二つのイヴェントについては数多くの著作があるのされているが、最新のものを入門書として紹介しておく。まず前者について三田誠広『堺屋太一の青春と大阪万博』（出版文化社、2009年）、中川右介『昭和45年11月25日──三島由紀夫自決、日本が受けた衝撃』（幻冬舎、2010年）。資料的価値の高さにもかかわらず完全に忘れられた書物ながら、中瀬寿一『万国博と情報ファシズム』（校倉書房、1970年）は日本共産党に近い立場のマルクス主義「正統派」による大阪万博論である。また吉見俊哉『博覧会の政治学』（中央公論社、1992年）、より大阪万博に即した分析『万博幻想　戦後政治の呪縛』（筑摩書房、2005年、『万博と戦後日本』と改題し講談社、2011年）、古典的業績である吉田光邦『万国博覧会』（日本放送出版協会、1986年）も必読。

5　清水幾太郎のいわゆる「転向」はこのマクロな展望のうちに考えるべきであることは言うまでもない。60年代思想状況への今日でも色あせない入門として『現代思想』（上下、岩波書店、1966年）は政治史的な参照軸として読んでもいい名著である。なお、私の安保闘争論は2006年度の立命館大学文学部での特殊講義で開陳したが、まだ叙述していない。日本知識界では安保闘争論は基本的にいまだに書かれざるテーマであり続けていると言えば極論であろうか。

6　1973年に日本共産党は「民主連合政府綱領」を提案した。この時期に刊行された日本共産党中央委員・上田耕一郎の『先進国革命の理論』（大月書店、1973年）はその理論的根拠を開示した著作としてよく読まれた。この綱領案への保守的知識人による批判はグループ1984年「日本共産党「民主連合政府綱領」批判」（『文藝春秋』1974年6月号）を皮切りに『文藝春秋』を舞台に展開され、『日本共産党「民主連合政府綱領」批判』（高木書房、1975年）としてまとめ

られた。これに対する共産党側の反論は上田耕一郎・工藤晃『民主連合政府で日本はこうなる　覆面批判への反論』(新日本出版社、1974年)である。なお日本共産党中央委員会『民主連合政府綱領　日本共産党の提案』(日本共産党中央委員会出版局、1975年)を資料集として特記しておく。なおこの綱領と同時に重要な論は日本共産党13回臨時大会で採決された「自由と民主主義の宣言」(1976年)である。こちらの改訂版(1996年に一部改訂)は日本共産党のウェブサイト(www.jcp.or.jp)で公開されている。

7　ここで詳細な議論はしないが、人民戦線戦略をコミュニストが理論的に提示したのはコミンテルン第7回大会(1935年)であり、とりわけディミトロフ報告であったとされている。その部分は日本語では『反ファシズム統一戦線』として勝部元訳(大月書店、1955年)として出版され、勝部の党除名後、坂井信義、村田陽一訳(大月書店、1974年)の新訳で広く読まれた。この議論はファシズム論とセットになっているため、70年代にはファシズムの再検討もブームとなった。なおディミトロフの議論は「戦略」でなく「戦術」以外の何ものでもなかった事実は、彼の戦後ブルガリア統治が雄弁に物語る。なおハンガリーでは『サラミ戦術』とも言う。日本でも人民戦線史研究が近代史研究の人気分野になって多くの文献が出版されたものである。研究史も詳しく論じた参考文献として、犬

丸義一『日本人民戦線運動史』(青木書店、一九七八年)。小島も「日本人民戦線史の課題と方法」(『立命館大学史学科学生論集』3号、1977年)という習作を書いた記憶を持つ。

8　チリの蹉跌はレジス・ドブレ、代久二訳『銃なき革命・チリの道　アジェンデ大統領との論争的対話』(風媒社、1973年)のように「人民戦線」方式の批判的超克への参考とされず、むしろファシズム論やロマン的人民戦線論にシフトして理解された。

9　チリ人民連合の革命歌で、エルヴィオ・ソトー監督「サンチャゴに雨が降る」(Il pleut sur Santiago 1975年)の中のシーンで一気に有名になった。この時期のチリへのイメージを知る格好の作品は五木寛之の『戒厳令の夜』(上下、新潮社、1976年)である。ちなみに映画化作品(山下耕介監督、1980年)の主題歌を歌ったのはポルトガルのファドの歌姫アマリア・ロドリゲスであり、本田美奈子の「アマリア」は彼女にオマージュを捧げたものである。

10　浜林正夫、畠山英高編著『筑波大学　その成立をめぐるたたかいと現状』(青木書店、1979年)はこの大学をめぐる総括的な記録である。東京教育大学して筑波大学に再編されたわけであるが、東京教育大学の少なくない教員は筑波大に移ることを潔しとしなかった。この著者たちはその代表者である。立命館大学などは筑波大学批判の急先鋒であったはずが、筑波大

第2部　1970年代を考えるための概論的序説

学よりも筑波大学らしくなって世間を驚かせて久しい。

11　中嶋嶺雄『新冷戦の時代』（TBSブリタニカ、1980年）を参照。最近の米ロ二大大国の対立も同じ用語で指すようであるが、これは80年代の東西関係につけられた概念である。

12　この認識は原田泰『一九七〇年体制の終焉』（東洋経済新報社、1998年）にきわめて近い。原田の論にある野口悠紀雄『一九四〇年体制――さらば「戦時経済」』（東洋経済新報社、1995年）への批判も賛成する。だけど、野口の主張する経済体制の制度化はむしろ70年代、60年代末の争乱と70年代の「人民戦線」への対抗の中で行われたからである。「40年体制」は紙の上で「40年～60年」に存在していた

13　私は日本における近代化論の最高傑作は富永健一『社会変動の理論――経済社会学的研究』であると考える。本書は構造＝機能主義分析による社会変動論の試みであるが、近代化論の立場から日本のマルクス主義的変革論への批判の検討もされていてきわめてポレミークな著作である。

14　60年代の反近代化論の総目録のような著作は芳賀登『地方史の思想』（日本放送出版協会、1972年）である。

15　浅田彰『構造と力　記号論を超えて』（勁草書房、1983年）は今から読むと著者の言う通りチャート式参考書そっくりであるが、80年代の時代思潮の格好の入門書たるの地位を失わない。なお筑紫哲也『若者

たちの神々』（Part1～4、朝日新聞社、1985～6年）は「ポストモダニスト」（自称していないものも含む）たちとの対談集で当時よく読まれた。

16　60年代の思想的状況を把握した知られざる大傑作は中島誠『戦後思想史入門』（潮新書、1968年）である。60年代の思想的伏流としてのモダニズム的思索の諸形態への公平かつ鋭い論及など刊行直後にはきっと理解されなかったと推測する。60年代を近代的管理の形成過程として把握し、ラディカリズムの季節としての描き方に根源的な異論を唱えたのは竹内静子『1960年代 現代ファシズムと労働』（田畑書店、1982年）である。また知られざる大傑作の一冊に他ならない。このスト権ストは数多くの損害賠償訴訟によって官公労の衰退にもつながる反面、政治的課題を労働運動が提起した画期的事態としても評価され、現在に至るも論争は耐えない。ほぼ同時代的な資料であるとともに、多様な立場を網羅した『中央公論』特集「スト権ストと労働運動の転機」（1976年2月号）を入門的文献として紹介しておく。

18　川上徹『査問』（筑摩書房、2001年）はこの政党を知るための必読文献である。なお他に日本共産党の入門書としては画期的大傑作である立花隆『日本共産党の研究』（全3冊、講談社文庫、1983年）を挙げておく。

19　三上治『1970年代論』（批評社、2004年）は

伽藍が赤かったとき ―1970年代を考える―

運動家として60年代末に関与した著者による70年代私論である。私の視点と重なる部分もあり、『1960年代論』、『1960年代論Ⅱ』（ともに批評社、2000年）とあわせて非マルクス主義運動家の立場からする現場検証的回顧録として必読である。

20 この長谷川の議論ですら異端的であった。むしろ講座派マルクス主義を臭わせる隅谷三喜男『韓国の経済』（岩波書店、1976年）の理解の方が「常識」に近かったのである。73年の金大中事件、さらに文世光による朴正煕暗殺未遂事件など政治的混乱も韓国の印象を悪くしていた。考えれば、この時期に北朝鮮は拉致を行っていたのであるが、まだ「楽園の神話」は崩壊していなかった。従属理論からする擁護論すら存在していた。北朝鮮が批判対象になるのは1980年代である。和田洋一、林誠宏『甘やかされた』朝鮮 金日成主義と日本』（三一書房、1982年）は最初ではないけれどもその象徴的作品である。

21 岡倉古志郎、土生長穂、立木洋『非同盟・中立』（新日本出版社、1977年）はこうした立場がよく分かる著作である。

22 有名なのは橋本治の東大駒場祭のキャッチコピー「とめてくれるなおっかさん 背中の銀杏が泣いている 男東大どこへ行く」など、大学紛争世代の「演歌」的感性がある。

23 西川長夫『パリ五月革命私論―転換点としての六八年』（平凡社、2011年）に「戦後世代を象徴する芸能人」として「美空ひばり」の名が挙がっているが、これは私の世代の感覚ではない。私の世代はここに書いたようにユーミンや中島みゆき、大瀧詠一、山下達郎などが同時代のアイコンだろう。

24 70年代における日本のポップスをその中にいたものとして回顧した著作として田家秀樹『七〇年代ノート 時代と音楽、あの頃の僕ら』（毎日新聞社、2011年）を紹介しておく。なおドキュメントとして読み直していいのは富澤一誠『ニューミュージックの衝撃』（音楽之友社、1979年）である。

25 この時期以降の社会的・知識史的変貌を述べた拙論を紹介しておく。網野善彦的トポフィリア」（東北芸術工科大学東北文化研究センター『東北学』1号、2004年）、「階級化論をめぐるミクロ社会学的アプローチについて」（中部大学国際関係学部『貿易風』1号、2006年）、「日本版「ポストモダン」を再考する―仲正昌樹著『集中講義！日本の現代思想―ポストモダンとは何だったのか』をめぐって―」（中部大学国際関係学部『貿易風』2号、2007年）である。

26 歴史学専攻の若者にとって私の時代の必読文献を網羅し解説した本として、歴史科学協議会『歴史の名著〈日本人編〉』（校倉書房、1970年）と〈外国人編〉（同上、1971年）を挙げておく。ここに触れた著作の詳しい書誌情報も記されている。

1970年代の世界と日本

岩間優希

はじめに

1970年代は東西冷戦構造に明確な変化が表れた時期である。長年にわたるヴェトナム戦争が終結し、米中の国交正常化が実現した。オイル・マネーで潤ったアラブ産油国が力を持ち始め、世俗的近代主義者に対抗したイスラーム主義が伸長したのもこの時代である。

こうした70年代の変動の根底には、60年代から次第に明瞭化してきた世界の多極化現象がある。自由主義陣営におけるフランスの独自路線、社会主義陣営における中ソ対立、そしてアジア・アフリカ諸国の独立など、超大国に対する自国の主張が展開されたのである。

同時に、国内でも民衆が政府への異議申し立て運動を行い、従来の権力に対抗する新しい思想の興隆があった。それはとりわけ「1968年」に世界各所で様々な動きをもたらし、冷戦構造を揺るがす、あるいは現代社会を大きく左右する事象を誘発したのだった。まずはこの1968年の世界を俯瞰することから、1970年代の世界と日本について見ていきたい。

1968年の激動

1968年は南ヴェトナム解放民族戦線の一斉蜂起とともに幕を開ける。南北ヴェトナムの争いは、実質上、南ヴェトナムに軍を投入したアメリカと解放戦線・北ヴェトナム軍との戦争になっており、1965年にアメリカが恒常的北爆を行うようになってからは泥沼の戦いが繰り広げられていた。[27]そんな中、68年1月30日のテト（旧正月）

に解放戦線・北ヴェトナム軍が南ヴェトナム全土で一斉蜂起し、アメリカ大使館や軍施設に大打撃を与えたのである。この攻防戦を機にアメリカ国内で反戦を訴える声が一層高まり、ジョンソンの次期大統領選不出馬と1973年のアメリカ軍完全撤退を導くことになる。この頃、アメリカではヴェトナム反戦と黒人の反人種差別運動が社会の二大テーマだった。公民権法制定後もなくならない人種差別は、68年4月のキング牧師暗殺により一層激しい反対運動を呼び起こしていた。

一方、同じ頃フランスでは、「五月革命」と称される大規模な民主化運動が展開されていた。学生運動が労働運動と連結し、国家権力の横暴に対して民主化を求める反体制デモや大規模なストライキが各地で実施されたのだ。またパリの街角で行われたデモでも、「ヴェトナム戦争反対」のプラカードが掲げられていた。他に、ベルリン、ローマ、マドリッド、東京などの都市で起こった反体制運動でヴェトナム反戦は共通したテーマであり、

政府への批判は国際的な帝国主義を非難する視点と連結していたのだった。加えて、これらの運動で中国の毛沢東像が掲げられていたことも記しておこう。現代の若者から見れば奇異な印象を受けるが、当時の中国は大衆の自己解放を謳う文化大革命の真っただ中であり、帝国主義への抵抗として資本主義諸国の青年からも喝采を浴びていた。知識人や反革命分子とされた国民が大量に処刑され、計り知れない犠牲を出した文革の実態が明らかになるのはまだ先のことである。

さらに社会主義陣営の1968年で忘れてならないのは、チェコの「プラハの春」であろう。68年1月にチェコスロバキア共産党の書記長に就任した改革派のアレクサンデル・ドプチェクは、国民の期待を反映した自由化・民主化の政策を進めようとしていたが、この路線を懸念したソ連が同年8月、ワルシャワ条約機構の4ヶ国軍（東ドイツ、ポーランド、ハンガリー、ブルガリア）とともに軍事介入したのである。市民たちは必死の抵

第2部　1970年代を考えるための概論的序説

抗を続けたが、圧倒的な軍事力の前に成すすべもなく、チェコ全土は瞬く間に占領されてしまった。この「チェコ事件」を機に自由化は厳しく制限され、「プラハの春」は早くも終わりを告げた。

さて、こうした世界各国の潮流に連動するかのように、日本でも若者や労働者の異議申し立て運動が盛んに行われていた。学生団体が結集した全共闘（全学共闘会議）は権威主義的な大学を相手取って「大学解体」を叫び、デモやバリケード封鎖などの実力行使で世間の注目を集めていた。この頃、大学はすでにマスプロ化し、大学進学率の上昇とともに大学生はもはやエリートではなくなっていた。68年は日本のGNPが資本主義国で第二位になり、日本で最初の超高層ビル「霞が関ビル」が完成した年でもある。こうして社会が少しずつ豊かになる一方で、大衆たる若者たちのエネルギーが外へ向けて爆発したのである。69年1月には、全共闘の東大キャンパス占領に対して警視庁が封鎖・解除を行うという東大安田講堂攻防

戦が起こっている。

また、ヴェトナム戦争に関しても日本は高い関心を持っていた。若者たちがアメリカの帝国主義的振る舞いを批判する一方、年配の戦争体験世代は同じアジア人が米軍の戦闘機に空爆される姿を、かつての自分に重ね合わせて見ていた。しかし一般国民の心情に反して政府はアメリカの対ヴェトナム政策を支持し、日米安保体制の下で日本は基地や野戦病院、レクリエーション場所などを提供し戦争遂行の歯車となっていた。アメリカの占領下にあった沖縄がヴェトナム出撃の重要な拠点となっていたことはいうまでもない。

以上のような世界の同時多発的動きは、国際政治的にみれば米ソ超大国の相対的弱体化を表し、国内社会的にみれば国家権力に対する民衆の反発が最高潮に達したことを表していた。それは資本主義にせよ社会主義にせよ近代文明が行ってきた合理主義の矛盾の発露であり、68年の異議申し立てては新しい社会を求める変革の声だったのである。

伽藍が赤かったとき ―1970年代を考える―

60年代末から70年代にかけて

68年のラディカリズムで提起された大国に対する小国のナショナリズム、国家権力に対する大衆の異議申し立てを弾みに、運動中で顧みられなかったマイノリティの新たな主張も展開されていった。人種的・民族的マイノリティたちの権利獲得闘争、高度成長に伴う公害・環境問題に対するエコロジー運動、そして男性優位社会に反発する女性たちのウーマン・リブ運動がそれである。とりわけウーマン・リブは1970年代に先進諸国で活発になり、70年11月には日本でも初めてウーマン・リブの大会が開催されている。政治も社会運動さえも男性中心であることへの不満は、彼らの「女性解放！」という叫び声とともに街中を賑わせた。68年前後から発せられたこれらの課題こそ、現代社会で無視することのできない、そして継続中のアジェンダなのである。

だが60年代に威勢のよかった若者たちの運動は70年代に入ると徐々に収束するか、過激化した一部のグループが起こした事件で世間の心象を悪化させていった。70年3月、赤軍派を名乗るグループによって日本航空機（よど号）がハイジャックされ、犯人グループが北朝鮮に亡命するという事件が起こった。これを機に日本でハイジャック防止法が制定されている。また、72年2月の浅間山荘事件では、新左翼組織である連合赤軍メンバーが人質を取って立てこもり、警察による強行突入の末に全員逮捕されるということもあった。中継された突入の様子を見るために日本中がテレビの前に釘づけになり、前年に発売された日清のカップヌードルを雪山の機動隊員がおいしそうに食べて思わぬ宣伝になったエピソードは有名である。

反体制運動の批判の対象であった佐藤政権やヴェトナム戦争も姿を消していった。72年5月に沖縄の施政権がアメリカから日本に返還され、7月に佐藤栄作が退陣した。田中角栄内閣が新たに発足すると、9月にさっそく訪中して日中国交正常化の共同声明を発表する。これは同年2月にニ

クソン政権が米中共同声明を発表し、中国との敵対関係を終了させたのに続いてのことだった。世界を驚かせたこの米中国交正常化を実現させた立役者は、当時の米国務長官だったヘンリー・キッシンジャーである。

キッシンジャーはヴェトナム戦争終結へ向けても活発な外交を行っている。73年1月にパリで和平協定が締結され、3月にはアメリカ軍が南ヴェトナムから撤退を完了させた。世界の反戦運動はこれにてアメリカのヴェトナム「侵攻」を停止する目的を達成することができたが、肝心の戦闘自体は収まっておらず、戦争はアメリカ抜きで南北ヴェトナムの戦いに容貌を変化させたのみであった。これは「ヴェトナミゼーション（ヴェトナム戦争のヴェトナム人に）」と評され、「ヴェトナムのことはヴェトナム人に」とのスローガンでアメリカのヴェトナム介入を批判していた反戦勢力は無力であった。結局、それから2年後の1975年4月に北ヴェトナム側が南ヴェトナムの首都サイゴンを陥落させるまで戦いは続き、北側の勝利で76年7月にヴェトナム社会主義共和国が樹立された。ヴェトナム戦争はその軍事費がアメリカ経済を追い込んだだけでなく、難民の流出や枯葉剤の後遺症、社会復帰できないヴェトナム帰還兵など、深刻な社会問題となってその後も影を落としている。

70年代の新たな潮流

現代社会のグローバリゼーションを考えるとき、その起源は60年代から70年代にかけての時期だといわれる。技術革新とともに経済のグローバル化が進み、多国籍企業の海外進出や労働力の移動が活発化する発端期がこの頃だった。アメリカの半導体メーカー、インテルが1968年に設立され、ソフトウェア会社のマイクロソフトが75年、アップルが76年に創業した。国境の溶解とコンピュータリゼーションに向けた歩みがまた一歩進められたのだった。これらは70年代を通じて潜行するよ

うな動きを見せ、80年代以降のパソコンの大衆化によって本格に展開された。とはいえ70年代当時の産業構造は工業化・機械化の上り坂で、それを支えたエネルギー資源の代表は何といっても石油である。オイル・マネーを手にした産油国の政治が、70年代世界の中心的舞台であった。

1973年10月、サダト大統領率いるエジプト軍がイスラエルを攻撃し、第四次中東戦争が勃発する。(28)当初はエジプト軍が優勢であったが、アメリカが大量の兵器をイスラエルに供給したことにより潮流が変わった。そこで、OAPEC（アラブ石油輸出国機構）諸国はイスラエルを支持する国への石油禁輸を宣言するのである。この宣言は日本をはじめ、石油に依存していた工業化社会に大打撃を与え、「オイル・ショック」と呼ばれる石油危機をもたらした。アラブ産油国は石油が自らの潜在的パワーとして存在することを認識するとともに、石油価格の高騰で潤った富裕層は自国民への支配を一層強固なものにした。一方、アメリカや日本は石油依存体制からの脱却を企図し、原子力を含めた代替エネルギーへの転換政策により力を入れるようになる。

しかし70年代終盤、世界は再び第二次オイルショックで激震する。震源地はイランである。イランは、アメリカの援助とオイル・マネーによって60年代から70年代に急速な近代化を遂げ、シャー（国王）が安定した政権を運営しているものと考えられていた。だが、実際のところは、拡大する貧富の差と秘密警察による弾圧に対し、国民の中には不満が蓄積していた。そのような状況が続いていた79年2月、とうとう民衆の怒りが爆発、反体制派が結集してシャーを国外へと追放したのである。この「イラン革命」により、同国は保守的な宗教指導者ホメイニ師が統治するイスラーム共和国へと生まれ変わることになる。イラン革命は経済的にも政治的にも西側諸国に大きな打撃を与えたのだった。

また重要なのはこの間、アラブ諸国ではオイ

ル・マネーを基盤とした近代化推進論者たちと、イスラーム主義を唱えて彼らに対抗するグループとの二極化が進んでいたことである。近代主義者たちが欧米のパートナーたちと結びつく一方、イスラーム主義者たちはアラブ地域で勢力を拡大し、豊富な資金力を背景に、近代化の恩恵を受けられない貧しい人々を取り込んでいった。そして、これらの熱狂的なイスラーム主義者たちが次に向かった場所こそ、アフガニスタンなのである。

ソ連の後ろ盾を得た人民民主党が急進的な社会改革を行っていたアフガニスタンでは、強制的な土地収用や弾圧に対し民衆の抵抗運動が起き、イスラームを基盤とした反体制グループの武装闘争が行われていた。1979年12月、ソ連がこの「ムジャヒディン」と呼ばれるムスリム戦士たちを討伐するためにアフガニスタン侵攻を実施すると、さらに多くのムジャヒディンが集結する。彼らの闘争を支えたのは、厳格なイスラーム主義で知られるワッハーブ派のオイル・マネーである。だが、ムジャヒディンを支援したのはワッハーブ派だけではない。ソ連の覇権弱体化を狙ったアメリカがCIAを通じて彼らに軍事援助を行い、武器や通信機器などを大量に提供したのである。膨大な支援を背景にムジャヒディンたちはソ連軍を苦戦させ、アフガニスタン侵攻はソ連にとってのヴェトナム戦争といわれるほど泥沼化していった。この頃、アメリカではちょうどヴェトナム戦争の狂気を描いたフランシス・F・コッポラの記念碑的映画『地獄の黙示録』が大ヒットを記録していた。

約10年後の1989年2月、ソ連軍はようやくアフガニスタンから撤退した。この9カ月後にベルリンの壁が崩壊し、10カ月後にマルタ島で冷戦終結が宣言されるのだが、アフガニスタンの山奥にはジハードのためなら命も惜しくない熱烈なムジャヒディンたちと、彼らがソ連とアメリカから手に入れた無数の武器類が残っていた。アラブ各国からはジハード（聖戦）を戦うためにさらに多くのムジャヒディンが集結する。彼らの闘争を支えたのは、厳格なイスラーム主義で知られるワッハーブ派のオイル・マネーである。彼らがソ連とアメリカから手に入れた無数の武器類が残っていた。大国を圧倒したと自負するイスラーム主義者たちは、その

後もグローバルなネットワークを形成して勢力を拡大していった。2001年9月11日、彼らがアメリカの中心部を世界の目の前で攻撃することになるとは誰が予想したであろうか。そしてアメリカは、かつて自らが支援したムジャヒディンたちと今日も戦っているのである。

に駆逐されても、両者の争いは結局のところ民衆を苦しみから救うことはなかった。2010年末からアラブ諸国で起こった一連の民主化運動は、「プラハの春」になぞらえて「アラブの春」と呼ばれている。民衆の力が奮起した1968年の再来であるかのような光景を、私たちは目の当たりにしている。

おわりに

第二次大戦後の先進諸国の復興と成長の中で、国内外における様々な矛盾が限界点に達したのがこの時代であった。既存の権力に対し小国や、国内のマイノリティが陸続と声を上げ始め、思想の転換と民衆の力によって歪んだ世界を変革しようとした。しかし否定された権力は霧消したのではなく、形を変えて移行し、来るべき90年代のグローバル社会に向けた国際的ネットワークと国内の分化とを推進したといえよう。

アラブ世界に目を向けてみれば、独裁と貧困を生み出した世俗的近代主義者がイスラーム主義者

註

26 1968年論について近年多くの著作が刊行されている。ここでは多領域からの視点で論じた絓秀実編『一九六八』（思想読本11）（作品社、2005年）、A・バディウ他『一九六八年の世界史』（藤原書店、2009年）、マクロな観点から1968年革命の意味を論じたI・ウォーラーステイン（丸山勝訳）『一九六八年─世界システムにおける革命』『ポスト・アメリカ─世界システムと地政学と地政文化』（藤原書店、1991年）、パリでの体験を基にした私的1968年論である西川長夫『パリ五月革命私論──転換点としての六八年』（平凡社、2011年）を挙げておく。

27 ヴェトナム戦争を知るための入門書として下記を参照。古田元夫『歴史としてのベトナム戦争』（大月書店、1991年）、松岡完『ベトナム戦争─誤算と誤解の戦場』（中央公論新社、2001年）、遠藤聡『ベトナム戦争を考える』（明石書店、2005年）、吉沢南『同時代史としてのベトナム戦争』（有志舎、2010年）。また、ベトナム戦争関連の文献目録として岩間優希『文献目録 ベトナム戦争と日本──1948〜2007』（人間社、2008年）がある。

28 アラブ地域では「1968年」の前に「1967年」が決定的である（板垣雄三「六八年の世界史【六七年】の中東から見る」「一九六八年の世界史」（藤原書店、2009年）を参照）。この年、イスラエルが対立関係にある周辺のアラブ諸国に奇襲攻撃を仕掛け、わずか6日間のうちに決定的勝利を収める第三次中東戦争があった。この戦争によりイスラエルはパレスチナの領土を占領し、以来、イスラエルによるパレスチナ人の迫害とそれに対する抵抗運動が続いている。1972年のミュンヘン・オリンピックでは、パレスチナ解放闘争から生まれた過激派グループ「黒い九月」がイスラエルの選手団を襲撃する事件があった。また日本人による新左翼組織「日本赤軍」が71年に結成され、パレスチナの過激な解放運動と結びついてハイジャックや銃乱射事件を起こした。アラブ諸国とイスラエルのこうした緊張関係を前提として把握しておく必要がある。

29 イスラーム諸国内の二分化については、タミム・アンサーリー（小沢千重子訳）『イスラームから見た「世界史」』（紀伊國屋書店、2011年）を参照。

1970年代の日本経済
——通貨危機と石油危機のなかで

影浦順子

はじめに

1955年～73年のあいだ日本経済は成長率が年平均10％を超える高度成長を続け、国民総生産（GNP）は、資本主義国ではアメリカにつぐ第二位の経済規模（1968年）を記録した。産業部門では、欧米の技術革新を取り入れて、鉄鋼・造船・自動車・電気機械・化学などの重化学工業の部門が急速に発達し、産業構造の高度化が展開した。また60年代の東京下町を舞台にした映画『ALWAYS 三丁目の夕日』シリーズが視覚的に魅せたように、日本の高度成長は、戦後の下町の風景や庶民の経済生活をも変貌させる国民の一大イヴェントでもあった。交通網の整備、消費革命の展開、中間階層の発展などを経て「一億総中流」の国民意識を形成し、東京オリンピックと万国博覧会の開催でセレモニー化された日本の成長過程は、アジアにおける「近代化の成功物語」であったのだった。

しかし、70年代に入るや否や、日本の経済発展は「低成長」の段階に転入する。74年には戦後初のマイナス成長を記録し、翌年以降も2～5％の低水準にとどまった。70年代において日本の高度経済成長はついに終焉したのである。日本の持続的な経済発展を終焉させた契機とは、いったい何であったのか。その基因については、(1) 国際的要因と、(2) 国内的要因に分けて議論する必要がある。以下、その内容を確認するなかで、70年代の日本経済の課題について概観してゆきたい。

国際的要因：ニクソン・ショックと石油危機

70年代の日本経済は、71年のニクソン・ショックと73年のオイル・ショックの「二つの国際的危機」のなかで始まった。その経緯は次のようなものである。

71年8月15日、ニクソン大統領は、全米向けのテレビ・ラジオ放送にて、金とドルの兌換停止を主軸とする「新経済政策」を発表した。後に「ニクソン・ショック」と呼ばれるこの声明が、国際経済の大混乱を招いた理由は、戦後の国際通貨制度であったブレトンウッズ体制の崩壊が事実上宣言されたからにほかならない。45年に設立されたIMF（国際通貨基金）を根幹とするブレトンウッズ体制とは、金とドルの兌換を前提に、各国通貨をドルの価値に固定する固定相場制を採用し、自由貿易と多角的な決済を促進する制度的枠組みのことで、アメリカの圧倒的な経済力を基盤に成立するものであった。

戦後国際経済の中枢であったアメリカは、60年代後半から、泥沼化するヴェトナム戦争と、「偉大な社会計画」を実施するジョンソン政権による莫大な軍事支出と金融緩和によって深刻な赤字財政に陥っていた。その根本的な解決策として、70年代のアメリカは、金とドルの兌換性を絶つことで、ドルの通貨価値の防衛を図ったのである。ドルの基軸通貨としての地位を大きく揺るがす一連の事態は、各国の為替相場を大きく動揺させ、46年から「1ドル＝360円」の固定相場を維持した日本でも、ドル売りが進展して円高が強まった。同年末の10ヵ国蔵相会議では、「1ドル是正のためのスミソニアン合意（日本は、「1ドル＝308円」の円切り上げ）を決定し、固定為替レートの再調整が行われた。しかし合意後も、ドルの信認は回復せず、為替相場の再強化を批判する世論の高まりのなかで、ヨーロッパ諸国は、為替相場を実勢に応じて変動する変動為替相場に移行し、73年には日本もこれに従った。アメリカの国際収支赤字を増大させた要因として各国から批

判の的となっていた日本の「円安ドル高」の為替相場は、ここにおいて、「円高ドル安」の構図を容認するに至ったのである。そしてその構図は、85年の先進国5か国蔵相中央銀行総裁会議におけるプラザ合意で決定的となる。87年末には「1ドル＝120円」台まで上昇し、90年代は「1ドル＝100円」台を上下し、そして今日の「1ドル＝70円」台の為替相場の状況へとつながるのである。[31]

さて、ニクソン・ショック以後「円再切上げの回避」を政治的課題としていた日本が、早急に変動相場制へと移行したことは、経済界に動揺を与えた。さらには72年に組閣した田中角栄内閣が、積極金融財政を主導したことも相まって、国内ではインフレが進行し、輸出産業はさらなる圧迫を受けていた。そしてこのような状況のさなかに、第一次石油危機が勃発したのである。世界経済を再び震撼させたオイル・ショックとは、73年10月の第四次中東戦争を背景に、OAPEC（ア

ラブ石油輸出国機構）が、イスラエルを支持する欧米や日本に対して石油輸出制限を実施し、続いてOPEC（石油輸出機構）が、石油の価格を4倍に引き上げる政策を実施したことを指す。国内では、石油危機による原油価格の暴騰によって、激しいインフレが進行し「狂乱物価」の事態が現出した。インフレ経済のなかでパニックに陥った国民は、流言飛語に翻弄され、灯油・洗剤・トイレットペーパーなどの石油関連製品の買いだめに走った。

これらの変動は、アメリカ主導型の国際経済体制の破綻を知らせるとともに、戦後日本資本主義の展開にとっては、次の点においてきわめて大きな問題をもたらすものであった。すなわち、日本はこの二つの国際的事件によって、戦後日本の経済発展を支えた重大な基礎条件—円安の為替相場と安価な輸入原料—を失い、一種の経済基盤の変革期に転換したのである。70年代における日本経済の重要課題とは、これらの国際情勢を与件に、

後述する60年代の急速な経済成長が生み出した「ひずみ」（＝公害問題や二重構造など）の是正に取り組み、さらには、80年代に繋げる形で石油危機以後の日本の産業発展の方途を模索することにあった。

国内要因：日本の高度経済成長とそれに付随する社会矛盾の激化

近代日本の経済史上、最大の出来事のひとつであった「高度経済成長」は、大別して次の二つの特徴をもつものであった。第一の特徴は、60年に「国民所得倍増計画」を掲げて登場した池田勇人内閣を中心に、経済成長が政策的に誘導された点にある。具体的には、（1）輸出産業の重点的育成、（2）大企業グループの再編、（3）貿易・為替の自由化、保護政策を基盤に、積極的な財政金融政策と保護政策を通じて経済成長の「路線」を意図的に準備したのであった。第二の特徴は、現在の概念では「開

発独裁」とも評せる上記の過渡的な社会形態の創出が、自然景観の消滅と農業の崩壊を対価にして、速成的な経済成長を成功させる一方で、日本社会にさまざまな「ひずみ」をもたらす結果となった点にある。70年代の日本の重要課題であるインフレ、公害の激化、工業・農業の不均衡発展（＝二重構造）などの社会問題である。

これらの社会問題の発生は、日本の高度経済成長の限界を二重の意味で知らせるものであった。すなわち経済成長を政策的に優先する従来の「開発独裁型」の政治形態と、「安かろう悪かろう」の粗悪模造工業品の生産に特化する経済政策の行詰りである。高度成長を支えた日本の「特殊な」経済体制は、70年代の成熟期においては、国際経済のバランスを崩し、国内の社会的不均衡を拡大させるほどの一大勢力となったのである。池田の退陣後、長期政権を維持した佐藤栄作内閣は、「社会開発」「安定成長」をスローガンに、大幅減税と公債政策を実施し、社会的インフラや国民福祉

施設の拡大に重点を置く経済政策に舵取りをとった。そして、これらの国民経済全体の底上げのなかで、上記の社会問題の漸次的な解決を図ったのであった。しかし持続的な経済成長を条件とするこれらの政策は、ニクソン・ショックとオイル・ショックの影響によって持続が困難となった。

どちらにしても、70年代の経済的停滞は、60年代の「量的な経済発展」が飽和点に達し、今後の展開は「質的な経済発展」に転化せざるをえなくなったことを意味していた。重要なことは、70年代の新たな国際体制下で、日本経済を再び競争力あるものとしてサバイバルさせるためには、これまでの金融、財政、産業の諸政策に対する価値判断や指導理念の一大修正が必然の要件となった点にある。

70年代初頭に、革新自治体が注目を浴びたように、国民は旧来の自民党の路線とは異なる政治組織に大いなる期待を寄せた。そして歴史を顧みると、70年代から80年代にかけての日本社会は、大きく分けてふたつの道の可能性を国民に提起したと言える。ひとつは、より大きな統治権力のもとで、社会的不均衡の是正を「上から」取り組み、高度成長以後の新しい日本社会の再建をある程度計画的に進めるもの。ふたつは、政府の干渉を排して自由経済主義と競争原理の拡大を貫き、日本経済の発展の前途を自由市場に委ねるものである。やや暴論ながら、これらの方針は、前者は「列島改造論」(35)を掲げた田中内閣によって、後者は「戦後政治の総決算」(36)を宣言した中曽根康弘内閣によって、部分的に実現を見たと言える。汚職事件に塗れた田中の政治的失脚に失望した国民は、「新保守主義」の世界的潮流に乗った中曽根の「小さな政府」に80年代の日本経済を託した。臨調路線に基づく中曽根内閣は、行財政・税制・教育改革を推進し、電電公社(現NTT)、専売公社(現JT)、国鉄(現JR)の民営化に次々と着手する。そして産業部門では、企業の「減量経営」と「省エネルギー」政策に努めたことが効果を発揮

し、自動車や電気機械のほか、半導体・IC・コンピューターなどの輸出向けハイテク分野が急速に生産高を増加し、貿易黒字を大幅に拡大させた。80年代の日本は、技術革新を通じて石油危機を回避し「経済大国」の姿を取り戻したのであった。

しかし、70年代の危機から回復したかのように見えた80年が、「バブル経済の破綻」となって90年代以降の長い社会的停滞を作りだしたように、80年代の好況は一時的・表面的な好景気の現出にすぎず、日本資本主義を足元のしっかりとした経済構造に変革することには、ついに成功しえなかったと断言してよいだろう。そのことは、コンクリート化された自然環境、理念を欠いた政治組織の混迷、ガラパゴス化した企業とそれを支える劣悪な労働環境などが、日本経済の破綻をすぐそこまで呼び起こすほどの重要課題として、21世紀に持ち越されたことからも明らかであろう。70年代末から80年代初頭の日本国民の政治経済的選択が、現代の私たちに「豊かな社会」をもたらした

のか否かは、大いなる疑問として問われ続けているのである。

おわりに

60年代の高度成長と80年代のバブル景気に挟まれた70年代は、日本の経済史上では「高度成長の終焉」「低成長の時代」と呼ばれ、社会的停滞の側面ばかりが強調されてきた。しかし歴史を顧みれば、国内外から危機的な問題を突き付けられた70年代こそが、その後の日本経済の進路を決定した画期的な時代であったことに気づくことができるのである。それは、国際経済の変動期であったという事実もさることながら、「日本経済の将来像」に関して国民に多元的・創造的な選択の余地を与え得た過渡的な時代であったと考えるからである。国民経済の構造をより望ましい方向へと質的に転換させるオプションは、70年代には「不確定の可能性」を秘めていたのである。

伽藍が赤かったとき ―1970年代を考える―

註

30 戦後の日本経済史を鳥瞰する入門書としては、次のような通史的著作を参照されたい。飯田経夫ほか編『現代日本経済史』上・下巻（筑摩書房、1976年）、有沢広巳監修『昭和経済史』中巻（日本経済新聞社、1994年）、三橋規宏・内田茂男・中村隆英『昭和経済史』下巻（日本経済新聞社、1994年）、石井寛治・原朗・武田晴人編『日本経済史』4・5巻（東京大学出版会、2010年）が分かりやすい。

31 70年代の国際通貨体制の崩壊過程を、歴史的・理論的に分析した体系的著作には、小宮隆太郎・須田美矢子『現代国際金融論―理論・歴史・政策』全2巻（日本経済新聞社、1983年）がある。

32 日本の高度経済成長を取り上げた研究書は数多く存在するが、これを日本の経済体制の「パラダイムの転換期」として先駆的に議論した必読書には、香西泰『高度成長の時代―現代日本経済史ノート』（日本評論社、1981年）、佐和隆光『高度成長―「理念」と政策の同時代史』（日本放送出版協会、1984年）がある。また高度成長期の「熱気」を追体験するには、関係者の証言をまとめたエコノミスト編集部『証言・高度成長期の日本』（毎日新聞社、1984年）が有効である。これまでの研究成果の蓄積を整理した近年の入門書に

は、武田晴人『シリーズ日本近現代史⑧ 高度成長』（岩波新書、2008年）がある。

33 池田内閣の方針を理論的に支えたのは、官庁エコノミスト・下村治と、下村の経済思想に徹底的な影響を与えた経済評論家・高橋亀吉であった。当時の政治経済界では、農業経済の遅れに典型的な「非近代的構造」が残存する限り、日本の経済成長は不可能であるとする見方が圧倒的であった。これらの常識的見解のなかで、彼らは55年以後の日本資本主義を「歴史的な勃興期」「日本経済の基盤革命」と表現し、日本の飛躍的な経済発展を先見のうちに予見したのである。日本の高度経済成長に関する彼らの見解をまとめたものには、下村治『日本経済成長論』（中央公論新社、2009年）、高橋亀吉『戦後日本経済躍進の根本要因』（日本経済新聞社、1975年）がある。

なお高度成長論の先駆者であった彼らが、70年代に入ると「低成長論者」へと180度立場を転換した事実は留意したい。彼らは70年代における国際経済の変動が、日本の経済発展の基礎条件を消滅させたことを同時代のなかで正確に読み取り、旧態依然の金融財政政策論に徹底的な批判を行い、「質的な経済発展」への変革を求めたのであった。

34 付け足せば、これらの政策論以外の経済発展の要因としてとりわけ重要なのは次の二点である。すなわち
（１）「政財界の癒着」「護送船団方式」と言われるバラ

144

マキ型の補助金行政、(2) 終身雇用や年功序列賃金などの「日本型経営」の確立、である。野口悠紀夫『一九四〇年体制』（東洋経済新報、1995年）は、これらの「日本型経済システム」の起源を戦時体制に求めた労作であった。この見解は、戦前・戦後の日本経済の構造的な「連続性」を主張する点において斬新な問題提起であった。しかし、一国の経済発展を単線的・継起的にとらえる視座が消滅した今日においては、日本の経済成長の過程に、歴史的な「パターン」が発見できるという指摘は、決して型破りな論点ではない。むしろ逆に、上記のような「日本的特殊性」を過渡的に採用しなければ、小国日本の経済発展は展開しえないのだとすれば、これらの特色は負の遺産やひずみとしてだけでなく、日本経済再建のための必然的な要件として再検討する価値はあると言えないだろうか。この論点を掘り下げるためのヒントは、日本企業の発展を歴史的過去に遡及して実証的に考察した高橋亀吉『日本的経営』「経営者精神」の特色と論点をセットになった「日本的経営」「経営者精神」の特色と本の企業・経営史（東洋経済新報社、1977年）、土屋喬雄『日本資本主義の経営史的研究』（みすず書房、1954年）などが与えてくれる。

35 田中の構想を元にして官僚がドラフトを書いたとされる田中角栄『日本列島改造論』（日刊工業新聞社、1972年）は文字通り飛ぶように売れた。この書は一種のエディプス効果をもたらし、高速道路建設など

を見越した地方都市の地価上昇を結果し、インフレ促進要因を作った。しかし細部は別にしても、大筋で膨大な公共投資を伴うマクロ経済政策は「革新自治体」を換骨奪胎し、同時に官・財一体化した70年代以降の政策基調となる。危機の叫ばれている日本の公債依存体質もこの過程で形成された。

36 中曽根の「保守主義」は、2000年代の自民党でも現役の思想である。中曽根康弘『保守の遺言』（角川書店、2010年）のなかで、中曽根は、「革新派」に対立するだけの自身の保守主義の立場を「保守は、現状を維持するだけの守旧派のように誤解されがちだが、そうではない。…保守政治を貫くためには、改革をし続けなければならない」と主張する。この強硬な言葉に私たちは「聖域なき構造改革」を掲げて時代の寵児となった小泉純一郎内閣を想起しえるだろう。自民党の主流のひとつである「強い日本」の実現を目指す「新古典派経済学」の影響を受けた派閥の是非はここでは問わない。しかし、このような自由経済主義の日本への貫徹を追求する政策路線が、構造的に未成熟な日本資本主義の再編と発展を考えるうえで、最善の経済思想であったか否かは問題提起として投げかけておきたい。

伽藍が赤かったとき ―1970年代を考える―

第3部 1960〜1980年略年表

（竹川慎吾 作成）

年代	日本の情勢（政治経済を中心とする）	海外の情勢	田口富久治略歴・主要業績（論文は省略）
1960年（昭和35年）	1950年代後半にはじまった自立―従属論争につづく帝国主義復活論争が白熱化 1・5 三井鉱山三池炭鉱労組、1214人の解雇通告を一括返上 1・16 新安保条約調印全権団（岸信介ら）渡米、全学連主流派学生ら700人、羽田ビルで座り込み、警官隊と衝突 1・19 日米相互協力および安全保障条約（新安保条約）などワシントンで調印 3・17 三井労組分裂、第二組合結成	6・12 米アイゼンハワー大統領、極東歴訪に出発（日本は中止） 6・21 ソ連フルシチョフ首相、ルーマニア労働党第3回大会で、帝国主義が存在しても戦争防止は可能と演説、中国共産党を批判 11・8 ケネディアメリカ大統領が当選 12・6 世界81カ国共産党・労働者党会議、モスクワ声明を発表（平和共存・反帝国主義を確認） 12・14 国連総会、植民地独立宣	（1959年4月より明治大学政治経済学部助教授

石油危機下の日本

第3部　1960〜1980年略年表

- 3・28　第二組合のみ生産再開を強行し、第一組合と衝突
- 5・20　自民党が衆議院本会議で新安保条約および関連協定を強行採決
- 5・26　安保改定阻止国民会議、第16次統一行動で17万人のデモ隊により国会を包囲
- 6・4　安保改定阻止第一次実力行使、「6・4統一行動」に突入、全国で560万人が参加
- 6・10　米大統領新聞関係秘書ハガチー来日、羽田でデモ隊に包囲されヘリコプターで脱出（ハガチー事件）
- 6・15　安保改定阻止第二次実力行使、「6・15統一行動」で580万人が参加（これにより東大生樺美智子が死去）
- 6・18　安保改定阻止国民会議、第18次統一行動で33万人のデモ隊で国会を徹夜で包囲
- 6・19　新安保条約および関連協定が参議院未議決のまま自然承認
- 7・15　岸内閣総辞職
- 7・19　第1次池田内閣成立
- 12・27　閣議で、所得倍増計画を決定

言を採択
- 12・20　南ヴェトナム民族解放戦線結成

伽藍が赤かったとき ―1970年代を考える―

年			○著作
1961年（昭和36年）	2・5 社会党中央執行委員会、構造改革論を中心にした新運動方針を決定 3・6 社会党大会開催、委員長に河上丈太郎・書記長に江田三郎を選出 7・25 共産党第8回大会を開催（27日新綱領を採択） 8・7 水俣病患者診査協、胎児性水俣病患者をはじめて公式確認	1・3 アメリカ、キューバとの国交断絶 1・20 ケネディ米大統領に就任 5・1 キューバ首相カストロ、社会主義共和国宣言（ハバナ宣言） 5・16 韓国で軍事クーデター	『日本の革新勢力』
1962年（昭和37年）	7・1 第6回参議院選挙（自民69・社会37・創価学会9・民社4・共3・同志会2・無所属3） 7・27 江田三郎社会党書記長、新しい社会主義のビジョン（江田ビジョン）を発表（党内対立へ発展） 8・6 第8回原水爆禁止大会、東京で開催（宣言不採択） 10・5 閣議で全国総合計画を決定 11・27 社会党第22回大会、江田ビジョン批判決議案を可決、江田書記長は辞意を表明（後任は成田知巳）	2・8 アメリカ国防省、南ヴェトナムに軍事援助司令部を設置 3・24 朴正煕、韓国大統領に就任 10・24 米海軍、キューバ海上封鎖を開始 10・28 ソ連フルシチョフ、アメリカのキューバ不侵略を前提にキューバ基地解体撤去をケネディに通告（キューバ危機収束） 11・18 仏総選挙（25日第二次投票で絶対多数を獲得し、ド＝ゴール体制確立） 11・20 ケネディ、キューバ海上	

148

第3部　1960～1980年略年表

	1963年（昭和38年）	8・5　第9回原水爆禁止世界大会、広島で開催 8・14　日本、部分的核実験停止条約に調印 11・21　第30回衆議院総選挙（自民283・社会144・民社23・共産1・無所属12） 5・8　南ヴェトナムのフエで仏教徒による反政府デモ 11・1　南ヴェトナム、軍部クーデターによるゴ＝ディン＝ジェム政権倒壊 11・22　米ケネディ大統領暗殺（後任には、ジョンソン副大統領） 12・2　イタリア共産党書記長トリアッティ、党大会で中共批判封鎖の解除を発表	
	1964年（昭和39年）	4・2　四日市ぜんそく患者、はじめての死亡例 8・10　社会党・共産党・総評など137団体、ヴェトナム戦争反対集会を開催 10・10　東京オリンピック開催 10・25　池田首相、自民党談話として退陣表明（病気の長期療養のため） 12・1　自民党臨時大会、佐藤栄作を新総裁に選任 1・30　南ヴェトナム、グエン＝カーンによる第二次軍事クーデター 8・2　アメリカ国防総省米海軍駆逐艦マドックスがトンキン湾で北ヴェトナム魚雷艇の攻撃を受けたと発表、トンキン湾事件（4日北ヴェトナムを報復爆撃する） 10・15　ソ連最高会議、ソ連フルシチョフ第一書記兼首相を解任、後任第一書記ブレジネフ、首相コスイギン就任	名古屋大学法学部研究科非常勤講師 〇著作 『日本政治の動向と展望』 〇翻訳 M・デュヴェルジェ『政治体制』白水社（田口英治と共訳） M・デュヴェルジェ『現代の独裁』社会思想社（田口英治と共訳）

1965年(昭和40年)	2・1 原水爆禁止国民会議、社会党・総評を中心に結成 3・16 東京地検、都議会議長選挙をめぐる贈収賄容疑により、小山貞雄議長宅を捜索、3都議を逮捕 4・24 「ベ平連」初のデモ行進 5・16 社会党臨時委員会、新委員長に佐々木更三を選任 5・21 社会・公明・民社・共産各党、都議会解散リコール運動の一本化を決定 6・12 植木幸明・椿忠雄両新潟大教授、阿賀野川流域に水俣病類似の有機水銀中毒患者が発生と発表（新潟水俣病） 6・14 東京都議会、満場一致で解散を可決。 6・22 日朝基本条約および4協定、東京で調印 7・4 第7回参議院議員選挙 （自民71、社会36、公明11、民社3、共産3、無所属3、自民党東京地区で全滅） 7・23 東京都議会議員選挙（社会45、	2・7 南ヴェトナム解放戦線、プレイク米空軍基地を襲撃。米軍、北爆を開始 4・13 北ヴェトナム国会、ヴェトナム問題解決4条件（米軍撤退・再統一まで南北双方への外国軍および基地の排除ほか2項目）を決議 4・17 ワシントンで2万5000人参加のヴェトナム平和行進（ヨーロッパ各地で呼応デモ開催） 12・20 グエン＝カオ＝キ将軍、南ヴェトナムの実権掌握 早稲田大学法学部非常勤講師（1974年まで、ただし1969年

年			
1966年 (昭和41年)	自民38、公明23、共産9、民社4、無所属1) 8・19 佐藤首相、首相として戦後初の沖縄訪問 10・12 社会・共産両党、日朝条約批准阻止で統一行動・反対集会を開催 11・12 衆議院本会議、議長発議により日朝条約案件を議題とし、同条約を可決(12月11日、参院本会議で可決) 8・4 公害審議会、公害に関する政府と企業の無過失責任を強調した中間報告を厚相に提出 10・21 総評の54単産、ベトナム反戦統一ストを決行 12・7 第54通常国会召集、衆議院解散(「黒い霧解散」)	5・16 中国共産党中央、彭真批判と中央文化革命小組設置を通達、文革派と実権派の権力闘争激化(文化大革命はじまる) 5・29 清華大学附属中学に紅衛兵結成 8・18 北京天安門広場で紅衛兵ら、文化大革命祝賀の100万人大会開催。	明治大学政治経済学部教授
1967年 (昭和42年)	1・24 『赤旗』はじめて公然と中国共産党を批判 1・29 第31回衆議院議員総選挙(自民277、社会140、民社30、公明25、	7・1 ヨーロッパ共同体(EC)成立 8・8 ASEANの結成 10・21 ワシントンで反戦大集会	○著作 『現代政治とイデオロギー』青木書店

伽藍が赤かったとき ―1970年代を考える―

年		
1968年（昭和43年）	共産5）自民党得票率50％を割る 2・17 第2次佐藤内閣発足 4・15 都道府県知事・議員選挙（東京都知事に社共推薦の美濃部亮吉が当選） 7・14 三井炭鉱「一酸化炭素中毒患者家族の会」の主婦80人、坑底に坐りこみ 8・3 公害対策基本法を公布 8・19 社会党第29回大会（20日、委員長勝間田清一、書記長山本幸一で選出） 9・1 四日市ぜんそく患者9人、市内の石油コンビナート6社を相手に慰謝料請求訴訟 11・2 那覇市で沖縄即時無条件返還要求県民大会開催 11・12 首相、アメリカ訪問（第二次羽田事件発生） 11・25 佐藤改造内閣発足 2・26 反日共系学生など、成田空港阻止集会、成田市役所前で警官隊と乱闘 3・9 イタイイタイ病患者・遺族28人、三井金属鉱業に損害賠償提訴 4・5 小笠原諸島返還協定に調印 5・27 日本大学で全学共闘会議を結成	（10万人が参加） 1・30 南ヴェトナム解放民族戦線軍、南ヴェトナム全土で攻撃を開始（テト攻勢） 3・16 南ヴェトナムのソンミ村でアメリカ軍が住民を虐殺（ソンミ事件） ○翻訳 A・ローゼンベルク『民主主義と社会主義』青木書店（西尾孝明と共訳）

第3部　1960〜1980年略年表

6・15　東大で青医連70人、安田講堂などを占拠（17日　機動隊により占拠者排除、28日　全学共闘会議結成、7月2日　安田講堂再占拠、7月以降に学生ストは全学に拡大）
7・7　第8回参議院議員総選挙（自民69、社会28、公明13、民社7、共産4、無所属5）
8・21　社会・民社・公明3党、ソ連のチェコ侵入に抗議声明
8・24　共産党、ソ連非難の声明
7・11　社会党第31回大会（人事調整つかず、10月4日再会大会、委員長成田知巳、書記長江田三郎を選出）
12・1　那覇市長選社会大衆党の平良良松当選

3・31　米ジョンソン大統領、北爆の一方的停止を発表、和平交渉を要請
4・4　アメリカの黒人運動キング牧師、メンフィスで暗殺、各地で抗議運動
4・8　チェコ、チェルニーク新内閣成立
4・9　チェコ共産党、行動綱領〈社会主義にいたるチェコの道〉を発表
5・4　フランスの学生デモと警官隊衝突（5月危機はじまる）
5・10　アメリカ・北ヴェトナム、パリで和平会談を開始
6・27　チェコの自由派知識人ら70名民主化、自由化停滞批判の〈2000語宣言〉発表
8・20　ソ連軍を中心にワルシャワ条約機構加盟の5カ国軍、チェコスロヴァキアに侵入、民主化運動を武力鎮圧（チェコ事件）

1969年（昭和44年）

- 1・18 東大当局、機動隊に安田講堂など占拠の学生排除を要請（19日 安田講堂封鎖解除）
- 2・18 日本大学、機動隊を導入し全学の封鎖を解除
- 4・28 全国で「沖縄デー」、社・共・総評、代々木公園で中央集会開催
- 6・2 愛知揆一外相、沖縄返還について米ニクソン大統領と会議。外相、「安保条約ワク内での、'72年中施政権返還」の方針を示す
- 7・13 東京都議会議員選挙、自民党が第1党に復活
- 9・5 全国全共闘連合結成大会、東京の日比谷公園野外音楽堂で開催
- 9・28 三理塚空港粉砕全国総決起集会、成田市の市営第2公園で開催
- 11・17 首相、沖縄返還交渉のために訪米（19日第1回会談、20日第2回会談）
- 11・21 首相、ニクソン大統領と第3回会談、日米共同声明発表（安保堅持、'72年沖縄施政権返還など）
- 12・27 第32回衆議院議員選挙（自民288、社会90、公明47、民社31、共産14）

- 1・20 ニクソン、アメリカ大統領に就任
- 4・28 フランス大統領ド＝ゴール、上院地方制度改革の国民投票で敗北、辞任
- 6・8 南ヴェトナム共和国臨時革命政府樹立
- 9・25 チェコ共産党中央委員会総会、連邦議会議長ドプチェクら自由派幹部を解任

4月からイギリスへ留学（帰国は1970年3月）

○著作
『社会集団の政治機能』未来社
『日本社会党論』編著、新日本出版社

第3部　1960～1980年略年表

1970年（昭和45年）

1・14　第3次佐藤内閣成立
3・2　社会・民社・共産3党、出版妨害問題で衆議院に調査特別委員会設置、予算委員会への証人喚問を要求
3・14　日本万国博覧会EXPO'70、大阪千里丘陵で開会式
3・31　赤軍派学生9人、日航機よど号をハイジャック
4・1　江田ビジョンを骨子とした党再建の運動方針を発表
5・3　創価学会会長池田大作、出版妨害問題を反省、公明と学会の分離を表明
6・23　全国的な反安保統一運動（全国で1345か所、77万人が参加）
7・1　共産党第11回大会（7日　中央委員会幹部会委員長に宮本顕治を選出）
9・30　三里塚・芝山空港反対同盟、空港公団の立ち入り調査に抵抗
11・25　三島由紀夫、楯の会会員4人と東京市ヶ谷の自衛隊総監部でクーデターを訴え失敗、三島と会員1人が自殺
12・28　環境保護庁が設置

4・30　米ニクソン大統領、カンボジア領内への攻撃を命令（5月1日　アメリカ・南ヴェトナム政府両軍侵攻、アメリカ空軍北爆再開）

○翻訳
R・ミリバンド『現代資本主義国家論』未来社

1971年（昭和46年）

- 4・11 第7回統一地方選挙（東京都知事に美濃部亮吉再選、大阪府知事に黒田了一当選）
- 5・19 沖縄全軍労・自治労などで沖縄返還協定に反対24時間ゼネスト
- 6・17 沖縄返還協定の調印
- 6・27 第9回参議院議員選挙（自民63、社会39、公明10、民社6、共産6）
- 7・1 環境庁発足
- 7・5 第3次佐藤内閣発足
- 7・15 「赤軍」派と「京浜安保共闘」が合同、「連合赤軍」を結成
- 8・16 アメリカのドル防衛策発表により東証株価大暴落
- 8・28 政府、円の変動相場制移行を実施
- 11・17 自民党、衆議院の沖縄返還協定、特別委員会で返還協定を強行採決
- 11・19 全国930ヵ所で沖縄返還協定強行採決に対する抗議運動、総評・中立労連など全国統一スト決行
- 12・30 自民党、沖縄返還協定および関連4法案を単独可決

- 5・9 EC緊急理事会、西ドイツ変動相場制移行を承認（10日、オランダも変動相場制へ移行）
- 6・23 イギリスのEC加盟交渉妥結（デンマーク、アイルランド、ノルウェーも加盟）
- 7・15 ニクソン大統領、70年5月までに周恩来首相の招待を受けて中国訪問をすることを発表
- 8・15 ニクソン大統領、金とドルの交換一時停止などを含むドル防衛の経済対策を発表
- 9・8 中国共産党副主席林彪、毛沢東暗殺のクーデターに失敗、飛行機で逃亡中に墜落死

○著作 『マルクス主義政治理論の基本問題』青木書店

第3部　1960～1980年略年表

1972年（昭和47年）

1・6　佐藤首相、米ニクソン大統領と会談（7日、沖縄返還を5月15日にするなどの共同声明発表）

2・19　連合赤軍の坂東國男ら5人、軽井沢の浅間山荘に管理人の妻を人質に籠城（28日機動隊突入、浅間山荘事件）

5・15　沖縄の施政権返還、日本本土に復帰実現、沖縄県発足

6・11　田中角栄通産相、「日本列島改造論」を構想発表

6・17　佐藤首相、正式に退陣表明

7・6　佐藤内閣総辞職。衆参両院、田中角栄を首相に指名

7・7　第1次田中角栄内閣成立

7・24　津地裁四日市支部、四日市ぜんそく訴訟で加害企業6社の共同不法行為を認める判決

8・9　名古屋高裁金沢支部、イタイイタイ病第一次訴訟の控訴審で三井金属鉱業の控訴棄却

8・31　田中首相、米ニクソンとハワイで会談（9月1日、日米安保条約維持・貿易不均衡是正など共同声明発表）

9・25　田中首相中国訪問、周恩来首相

2・21　米ニクソン中国訪問、毛沢東と会談、周恩来と会談

4・6　アメリカ軍大規模な限定北爆を再開

5・8　ニクソン大統領、北ヴェトナム全港湾の機雷封鎖を発表（11日機雷作戦開始）

6・17　ワシントン、ウォータートビルの民主党事務所に盗聴器を仕掛けようとした5人を逮捕（ウォーターゲート事件の発端）

6・23　イギリス、ポンドを変動相場制へ移行

10・26　北ヴェトナム、アメリカと合意の9項目停戦協定案を発表

12・21　東西両ドイツ、関係正常化基本条約に調印

○著作
『政治の科学』あゆみ書房（佐々木一郎、加茂利男と共著）
『マス・コミュニケーション講座　第2巻』編著、青木書店

○翻訳
R・ハリスン『近代イギリス政治と労働運動』監訳、未来社

伽藍が赤かったとき ―1970年代を考える―

1973年（昭和48年）	2・10 ドル売り急増により東京外国為替市場閉鎖 2・14 大蔵省、円の変動相場制移行を実施 3・20 熊本地裁、水俣病訴訟でチッソの過失責任を認定、全面勝訴 4・2 建設省、地価公示価格を公表、全国平均30・9％の急騰 5・12 政府、小選挙区区割案作成のため、衆議院選挙区区割委員会を発足 5・16 政府、衆参両議院議長の要請により臨時閣議で本国会に選挙制度改革法案の提出を断念 9・26 田中首相、仏・英・西独・ソ連訪問に出発 10・19 閣議、紙使用合理化国民運動の推進を決定（11月〜各地でトイレットペーパーだめの不足騒ぎが発生）	1・27 ヴェトナム和平協定・議定書、パリで正式調印 2・12 パリの5カ国会議でドルの10％切り下げを決定 3・2 ドル売り再燃により欧州外国為替市場を閉鎖 3・11 EC蔵相会議開催、6カ国の共同変動相場制移行 3・29 南ヴェトナム駐留のアメリカ軍部隊は最終撤退完了 9・18 国連総会、東西両ドイツの加盟を承認 10・17 OPEC加盟のペルシャ湾岸6カ国、緊急会議で原油公示価格を21パーセント引き上げ発表、OPEC加盟国となったあとイスラエル閣僚会議、OPEC、閣僚会議イスラエル支持国向けの石油生産削減を決定	と会談、国交正常化達成に合意 9・29 日中共同声明調印、国交正常化 12・22 第2次田中内閣成立 ○著作 『現代日本政治と統一戦線』青木書店 『現代政治学の諸潮流』未来社 『講座 現代日本資本主義社会3』編著、青木書店 『選挙制度』新日本出版社 ○翻訳 A・ウォークランド『イギリスの立法過程』未来社（岩野弘一、岡村忠之と共訳）

158

第3部　1960〜1980年略年表

年			
1974年（昭和49年）	4・7　京都府知事選挙で蜷川虎三（共産党など推薦）、全国初の7選 7・7　第10回参議院議員選挙（自民62、社会28、公明14、共産13、民社5） 7・12　三木武夫副総理、田中首相の政治姿勢を批判し辞任 10・22　社会党寺田熊雄、参議院大蔵委員会で田中首相の所得を追及、首相の出席を提案して紛糾 11・12　衆議院法務・参議院決算委員会などで田中の金脈問題追及 11・17　社会・共産両党・総評など19団体、田中退陣要求・フォード来日反対の全国統一運動 11・18　米フォード大統領来日 11・26　田中首相、閣議で辞意表明 12・9　三木内閣成立	7・27　アメリカ下院司法委、ウォーターゲート事件でニクソン大統領弾劾訴追状第1条を可決（29日第2条、30日第3条） 8・8　ニクソン大統領、辞意を発表 8・9　フォードがアメリカ大統領に就任	○著作 『国家思想史（上・下）』青木書房（田中浩と共編著） 『マルクス主義入門・政治学』編著、青木書店 ○翻訳 B・クリック『政治理論と実際の間Ⅰ』みすず書房（岡利郎、松崎重五と共訳）
1975年（昭和50年）	3・19　警視庁、中核・革マル両派の内ゲバに非常事態を宣言 4・13　都道府県知事・議員選挙、美濃部都知事3選、大阪府知事に黒田了一再選 7・12　共産党委員長宮本顕治と創価学会	4・30　南ヴェトナムで、北ヴェトナム軍・解放民族戦線軍、サイゴンへ無血入城 8・4　日本赤軍、クアラルンプールでアメリカ・スウェーデン両大使館を占拠	明治大学依願退職、名古屋大学法学部教授

159

伽藍が赤かったとき ―1970年代を考える―

| 1976年（昭和51年） | 会長会談、相互不干渉・共存などで一致（16日 公明党委員長、共産党と政権共闘せずと発表）
7・27 共産党・創価学会、相互不干渉・共存の10年協定を公表
8・2 三木首相、アメリカ訪問
8・5 政府、クアラルンプール事件で日本赤軍の要求に応じ、拘置中の過激派釈放を決定
9・29 信濃川河川敷問題で地元9団体など、田中前首相らを最高検に告訴
12・12 信濃川河川敷問題で地元9団体など、田中前首相らを最高検に告訴 | 1・27 春日一幸民社党委員長、衆議院本会議で共産党スパイ査問事件の調査請求
2・4 アメリカ上院外交委多国籍企業小委員会公聴会、ロッキード社の日・蘭・伊・トルコなどへの違法献金を発表
2・6 野党各党、ロッキード社が全日空への航空機販売のため、政界に献金を行った事実を衆議院予算委員会で追及開始 | 4・5 第一次天安門事件が勃発
6・29 ヨーロッパ共産党・労働者党会議、東ベルリンで開催（30日 社会主義路線の多様性承認の最終文書を採択）
7・2 ヴェトナム社会主義共和国成立
11～ 民主党のカーター候補が現職のフォード大統領（共和党）を破って当選 | ○著作
『現代の民主主義と自由』新日本出版社
○翻訳
B・クリック『政治理論と実際の間Ⅱ』みすず書房（寺尾方孝、香西純一、松崎重五、高橋吉江門と共訳） |

第3部　1960～1980年略年表

| 1977年（昭和52年） | 7・27 東京地検、ロッキード事件に関し田中角栄を逮捕
7・30 共産党大会、綱領・規約改定、「自由と民主主義の宣言」を採択
9・5 三木改造内閣発足
12・5 第34回衆議院総選挙（自民249、社会123、公明55、民社29、共産17、新自由クラブ17）
12・7 三木首相、退陣表明
12・24 福田赳夫内閣成立 | 12・15 スペインで国民投票、政治改革法案が圧倒的支持を得る |
| | 2・9 東京外国為替市場で円急騰（終値1ドル＝285円）
2・10 日ソ漁業協定調印
3・17 共産党・総評、原水爆禁止運動の統一につき合意
3・19 福田首相、アメリカ訪問（カーター大統領と会談）
3・26 江田三郎社会党前副委員長、離党届を提出
4・26 中山千夏ら、革新自由連合を結成
4・29 ソ連、日ソ漁業協定の廃棄を通告
6・1 自民党幹事長大平正芳、野党との部分連合が現実との考えを表明 | 1・7 チェコスロヴァキアの反体制自由知識人らの署名による「憲章77」宣言が西ドイツの新聞に掲載
1・20 カーター、アメリカ大統領に就任
8・12 中国共産党第11回大会全国代表大会開催、第一次文化大革命終結を宣言 |
| | | ○翻訳
N・プーランツァス『資本主義国家の構造I』未来社（山岸紘一、綱井幸裕と共訳）注：II については1981年に翻訳
この年、論文「先進国革命と前衛党組織論」が雑誌『現代と思想』（第29号）に掲載され、「田口・不破論争」が |

1978年(昭和53年)			はじまる
7・10 第11回参議院議員選挙（自民63、社会27、公明14、民主6、共産5、新自ク3、社市連1、革自連1 8・3 原水爆禁止統一世界大会国際会議、広島で開催 9・26 社会党大会、新執行部人事で難航（27日 樽崎弥太郎、田英夫、秦豊離党を通告） 9・28 日航機、ボンベイで日本赤軍によりハイジャック 10・29 社会市民連合全国組織結成大会開催 11・28 福田改造内閣発足 12・13 社会党大会、委員長に飛鳥田一雄を選出	1・4 共産党袴田里見前副委員長の除名を発表 2・6 三里塚・芝山成田空港反対同盟、工事区内の鉄塔撤去の機動隊と衝突 3・1 社会党初の委員長公選で飛鳥田一雄が対立候補なく信任 3・26 社会民主連合、結成大会 4・9 京都府知事選挙、自民・新自ク	3・15 イスラエル軍、レバノン南部パレスティナ・ゲリラ支配地域へ侵攻 3・16 イタリアのキリスト教民主党総裁アルド＝モロ（元首相）、武装ゲリラに誘拐される（5月9日に射殺体発見） 11・1 アメリカ緊急ドル防衛策	○著作『先進国革命と多元的社会主義』大月書店 ○翻訳 C・Bマクファーソン『自由民主主義は生き残れるか』岩波書店

第3部　1960～1980年略年表

1979年（昭和54年）			
	推薦の林田悠紀夫が当選（29年ぶりの保守派勝利）を発表 4・16 横浜市長選挙、6党推薦の細郷道一当選 5・23 公明・民社・新自ク・社会民連4党首初会談 8・12 日中平和友好条約調印 12・1 自民党臨時大会、大平正芳を総裁に選出（6日福田内閣総辞職） 12・4 東京為替市場、円急騰（1ドル＝204円） 12・7 第1次大平正芳内閣成立 1・17 社会党、都知事選候補に太田薫の推薦を決定 4・8 都道府県知事・議員選挙（都知事に自民党推薦の鈴木俊一、大阪府知事に同じく岸昌当選） 5・2 大平首相、アメリカでカーター大統領と会談（経済摩擦解消など協議） 6・24 カーター米大統領が来日 9・7 衆議院本会議でカーター米大統領と会談 内閣不信任案を提出、大平首相は衆議院を解散	5・3 イギリス総選挙、保守党が圧勝（サッチャーが先進国初の女性首相に） 12・27 アフガニスタンでクーデター、ソ連がアフガニスタンに侵攻	C・Bマクファーソン『民主主義理論』監訳、青木書店 ○著作 『マルクス主義国家論の新展開』青木書店 ○翻訳 R・ミリバンド『マルクス主義政治学入門』青木書店（北西允、綱井幸裕と共訳）

	1980年（昭和55年）	
	10・7 第35回衆議院議員総選挙（自民248、社会107、公明57、共産39、新自ク74、社民連2） 10・30 大平内閣総辞職 11・9 第2次大平内閣成立 12・6 公明・民社両党、中道連合政権構想で最終的合意 12・15 共産党代表団がソ連訪問	
	1・10 社会・公明両党、連合政権構想で正式合意、共産党除外を明記 1・25 大平首相、施政権方針演説でソ連軍のアフガニスタン介入を非難、対ソ連措置を表明 2・26 宮本顕治共産党委員長、党大会で社会党を右転換と批判 5・16 衆議院本会議、社会党提出の大平内閣不信任案を可決成立 5・31 大平首相、東京虎の門病院に入院（6月12日心筋梗塞で死去） 6・22 第36回衆議院議員選挙・第12回参議院議員選挙、自民党安定多数を獲得 7・17 鈴木善幸内閣成立	1・4 米カーター大統領、ソ連のアフガニスタン介入報復措置を発表 11・4 アメリカ大統領選挙共和党候補のレーガンが現職カーターを破って当選
		○著作 『講座現代資本主義国家（1－4）』大月書店（金原左門と共編著）

影浦 順子（かげうら・じゅんこ）
1985年、愛媛県生まれ。2007年、立命館大学文学部史学科日本史学専攻卒、中部大学大学院国際人間学研究科修士課程を経て、立命館大学大学院先端総合学術研究科博士課程在学中。日本マルクス主義史、高橋亀吉の思想史的研究、近代日本経済史・経済思想史専攻。共著『学問の森へ』（ブックシリーズ ACTA、風媒社、2011年）。論文に「高橋亀吉の思想出発—金解禁論争から『プチ・帝国主義論へ』」（中部大学総合学術研究院『アリーナ』第7号、2009年）、「下村治経済理論の一考察—経済成長と金融調整のあり方をめぐって」（立命館大学大学院先端総合学術研究科『Core Ethics』第6号、2010年）「後発資本主義国の経済発展を考える—ガーシェンクロン・宇野弘蔵・高橋亀吉」（中部大学総合学術研究院『アリーナ』第11号、2011年）など多数。『学問の森へ』に詳細な著作目録がある。

竹川 慎吾（たけがわ・しんご）
1984年、徳島県生まれ。2006年、中部大学国際関係学部卒。京都大学大学院人間・環境学研究科修士課程を経て、立命館大学大学院先端総合学術研究科博士課程在学中。社会理論史、市民社会論、戦後日本社会思想史専攻。論文に「市民主義とは何だったのか：戦後日本の変革の主体像をめぐって」（中部大学国際関係学部『貿易風』第3号、2008年）、「平田清明『市民社会と社会主義』を読み直す−日本市民社会論の再考のための礎石として−」（中部大学総合学術研究院『アリーナ』第11号、2011年）など多数。

小島　亮（こじま・りょう）
1956年、奈良県生まれ。1991年、ハンガリー国立コシュート・ラヨシュ（現在、デブレツェン）大学から人文学博士（社会学）を授与さる。1999年から中部大学に奉職し、現在、総合学術研究院・人文学部歴史地理学科教授、『アリーナ』編集長。著作多数。『中欧史エッセンツィア』（ブックシリーズ ACTA、風媒社、2007年）に詳細な経歴・著作目録がある。

■執筆・討論者略歴・主要著作

諏訪 兼位（すわ・かねのり）
1928年、鹿児島県生まれ。1951年、東京大学理学部地質学科卒。名古屋大学に助手として奉職し、助教授を経て、1983年、名古屋大学理学地球科学教室教授。退官後、1992年から日本福祉大学経済学部教授。1999年から日本福祉大学学長。名古屋大学名誉教授、日本福祉大学名誉教授。
専門的研究に加え、『裂ける大地 アフリカ大地溝帯の謎』（講談社メチエ、1997年）、『アフリカ大陸から地球がわかる』（岩波ジュニア新書、2003年）のような一般向け解説書も多い。さらに歌人としても知られ、『歌集 サバンナをゆく』（恒人社、1992年）、『科学を短歌によむ』（岩波書店、2007年）などの作品がある。水彩画家としても著名で作品展もしばしば開催されている。
なお詳細な経歴・著作目録はウェブサイト「第17回渡邉萬次郎賞受賞者推薦理由と受賞者」（http://wwwsoc.nii.ac.jp/jams3/manjiro.htm）に収録されている。

田口 富久治（たぐち・ふくじ）
1931年、秋田県生まれ。1953年、東京大学法学部卒、明治大学政経学部教授を経て1975年から名古屋大学法学部教授。1994～2001年、立命館大学政策科学部教授。名古屋大学名誉教授。
『日本の革新勢力－政治学的にみた社会党と総評』（引文堂、1961年）を皮切りに著作はきわめて多い。本冊子でもその多くが議論になっている学問的回顧として『戦後日本政治学史』（東京大学出版会、2001年）がある。
なお詳細な経歴・著作目録は「田口富久治教授略歴・研究業績」（名古屋大学法学部『名古屋大学法政論集 田口富久治教授退官記念論文集』155号、1994年）および「田口富久治教授略歴・主要著作目録」（立命館大学政策科学部『政策科学 田口富久治教授退任記念論文集』18号、2001年）に収録されている。

岩間 優希（いわま・ゆうき）
1982年、愛知県生まれ。2005年、中部大学国際関係学部卒、同志社大学大学院社会学研究科修士課程を経て、立命館大学大学院先端総合学術研究科博士課程修了。博士（学術）。立命館大学衣笠総合研究機構ポストドクトラルフェロー、中部大学国際関係学部・人文学部非常勤講師、NHKアーカイブストライアル研究員。ジャーナリズム史、戦後日本社会、日本アジア関係史専攻。
『文献目録 ベトナム戦争と日本』（人間社、2006年）、共著『学問の森へ』（ブックシリーズACTA、風媒社、2011年）。論文に「メディアとしての焼身」（表象文化論学会『表象』第4号、2010年）をはじめ多数。『学問の森へ』に詳細な著作目録がある。

中部大学ブックシリーズ　Acta 18
伽藍が赤かったとき　―1970年代を考える―

2012年2月20日　第1刷発行
定　価　（本体1000円＋税）

著　者　諏訪　兼位　　田口　富久治
　　　　岩間　優希　　影浦　順子
　　　　竹川　慎吾　　小島　亮

発行所　中部大学
　　　　〒487-8501　愛知県春日井市松本町1200
　　　　電　話　0568-51-1111
　　　　ＦＡＸ　0568-51-1141

発　売　風媒社
　　　　〒460-0013 名古屋市中区上前津2-9-14 久野ビル
　　　　電　話　052-331-0008
　　　　ＦＡＸ　052-331-0512

ISBN978-4-8331-4095-9　　＊装幀　夫馬デザイン事務所